GUÍA DE LECTURA

para grupos pequeños

Del libro

CAMBIOS
PROFUNDOS

David González Jara

Guía de lectura para grupos pequeños del libro Cambios Profundos

Escrito y maquetado por David González Jara
Revisado por Nicolás Emilio Tranchini
Primera Edición en español 2022

ISBN: 978-84-09-44368-0
Depósito Legal: MA 1400-2022

Publicado y distribuido por
CAMBIOS PROFUNDOS
MINISTERIOS
Málaga (ESPAÑA)
E-mail: contacto@cambiosprofundos.com
https://www.cambiosprofundos.com

Varias personas merecen esta breve dedicatoria. En primer lugar a mi esposa por su paciencia y cariño. En segundo lugar a mi fiel compañero de viaje. Gracias Nico por siempre desafiarme, sé que no me gusta, pero me hace bien. En tercer lugar, agradecer también al grupo de pastores de Honduras con lo que transité por esta experiencia. A ellos les tengo un especial cariño. Sin saberlo, me ayudaron a ser fiel y a disfrutar la tarea de preparar cada capítulo de esta guía para nuestro tiempo especial. Finalmente, gracias a Ti el creador y dador de los dones. Gracias por usar a los débiles como yo.

INTRODUCCIÓN

Como parte del equipo del Ministerio Cambios Profundos me siento tremendamente agradecido por la oportunidad y los recursos que nos ha dado para producir contenidos y materiales como el que tienes ahora mismo en tus manos. **Nuestra razón de ser como ministerio se enfoca en la transformación genuina del corazón al disfrutar a Dios por medio del evangelio**.

He escrito esta breve guía pensando principalmente en ti; si en ti. Quiero alentarte. Pero antes, déjame —ahora que estamos los dos solos— confesarte algo. Aunque mi nombre no es Timoteo, cada vez que leo las cartas de Pablo me siento tremendamente identificado con él. Debilidad, miedo, dudas... ¿Será que Dios puede usarme a mí? ¿Tendré algo que dar a los demás? ¿Realmente alguien con un carácter tímido y "débil" puede ser usado por Dios? ¿Cómo puede usar Dios a alguien que no está instruido formalmente o no sabe tanta Biblia? ¿Y si mi vida no da la "talla" como cristiano?

Si algunas de esta preguntas han sido tus preguntas, te comprendo perfectamente. Timoteo necesitó a un Pablo en su vida. Yo he necesitado —y necesito— a mi Pablo particular (mi gran amigo Nicolás) para que me desafíe a confiar y descansar en lo que mi Padre puede hacer por medio de alguien como yo en Cristo.

Hoy quiero ser tu Pablo. Quiero desafiarte a que comiences a orar a Dios por un grupo de personas con las que leer y estudiar el libro *Cambios Profundos*. Pero no te voy a dejar solo con este reto; mi aporte para esta tarea es esta misma guía en la cual encontrarás tu empujoncito personal y amoroso de parte de tu Padre que está en los cielos.

A Él le pido que esta experiencia no solo ayude a cada persona de tu grupo, sino que también la use para cambiar tu corazón y para que puedas experimentar el placer de redescubrir Su poder en tu debilidad. No hay mayor placer que ver a Dios haciendo lo que más disfruta: crear corazones que se dejar amar por Él, para que puedan amar como Él.

David González Jara, Málaga 11 de septiembre del 2022

SOBRE ESTA GUÍA

La guía de lectura de *Cambios Profundos* es un material de apoyo que hemos diseñado para ser utilizado principalmente en la creación de grupos de lectura del libro *Cambios Profundos* escrito por el Dr. Nicolás Tranchini.

¿Qué es lo que ofrece esta guía?

En primer lugar, pone en tus manos una herramienta que te ayudará a entender y a profundizar cómo el evangelio opera el cambio genuino del corazón en cada aspecto de la vida y la conducta del ser humano de forma comunitaria.

En segundo lugar, permite crear un espacio vulnerable y acogedor que animará a un grupo de personas a disfrutar de conversaciones profundamente espirituales y retadoras, enfocadas en el verdadero cambio del corazón.

La guía de lectura de *Cambios Profundos* está pensada para ser usada por:

- Pastores que desean promover la renovación de la comprensión y el disfrute del evangelio en sus iglesias.
- Ministerios estudiantiles interesados en profundizar cómo se vive la vida cristiana de manera práctica y relevante.
- Organizaciones paraeclesiales que desean vivir, contextualizar y comunicar el mensaje del evangelio que transforma a las personas en el ámbito estudiantil, laboral u otro.
- Plantadores de iglesias que desean implantar el evangelio como fundamento principal en congregaciones que están siendo establecidas.
- Cristianos en general que deseen madurar y ser transformados por el evangelio.

CÓMO USAR ESTA GUÍA

La guía de lectura de *Cambios Profundos,* al igual que el libro, está dividida en trece sesiones que proporcionan minuciosas y sencillas instrucciones que *cualquier persona* puede utilizar para guiar a un grupo a la lectura y al estudio productivo del libro *Cambios Profundos.*

A continuación, te explicamos con más detalle nuestra propuesta de grupo de lectura. Esta básicamente se compone de los siguientes elementos: el libro *Cambios Profundos,* un facilitador, un grupo de participantes y una dinámica de funcionamiento.

El facilitador

El facilitador es la persona encargada de dirigir los encuentros y guiar las conversaciones.

El valor de ser vulnerable
Ser facilitador implica en cierta forma liderar el grupo. Así que antes de entrar en cuestiones más técnicas, permítenos enfatizar algo esencial. No hay nada que aporte e impacte más a tu grupo de lectura que mostrarte transparente y sincero con tus propias luchas.

Nadie siente como natural y cómodo el abrirse y compartir con otras personas sus cargas y pecados recurrentes (¿recuerdas lo que hicieron Adán y Eva? Lo mismo que nosotros: esconderlos). Sin embargo, para que se produzca un verdadero cambio (ser sanados) es indispensable que nos sinceremos (confesando nuestras luchas) tal y como nos enseña Santiago 5:16.

Por lo tanto, siempre que puedas, trata de crear un espacio de gracia donde, aun siendo tú quien lidera, te muestres tan necesitado de cambios como el resto de los participantes.

Tampoco olvides que tu mayor aporte como líder no es lo que sabes, sino cómo lo que sabes te afecta y te transforma en una persona más humilde y vulnerable que está aprendiendo a amar. Recuerda: Jesús mismo no ocultó su fragilidad como ser humano en Getsemaní.

La importancia de comprender tu rol

Retomemos, ahora sí, la parte más técnica de tu función. Como facilitador de grupo no es necesario que seas un teólogo experto o un cristiano con "muchos años" de madurez. Tampoco tienes que tomar el rol de maestro y "enseñar".

Tus dos únicas responsabilidades principales serán:

- **Invitar al resto** para que participen de las conversaciones.
- **Mantener el enfoque** mientras supervisas que las intervenciones no acaparen demasiado tiempo.

Procura facilitar siempre conversaciones que ayuden a todo el grupo a reflexionar y meditar en los conceptos clave del capítulo que se está tratando y su aplicación en la vida personal. Este último aspecto es tremendamente importante. Lo que buscamos principalmente es que el evangelio cambie a la persona y no solo la informe.

En nuestra propia experiencia, Dios nos ha regalado el poder ver y disfrutar de cómo el evangelio —explicado y aplicado por medio de *Cambios Profundos*— ha producido (y sigue produciendo) cambios progresivos y notables en las vidas de muchas personas que han transitado juntas la experiencia de leerlo en grupo.

El grupo de participantes

El grupo lo forman aquellas personas que Dios te ha confiado para transitar por esta experiencia No olvides que ellos son tanto un regalo como una responsabilidad.

¿Cuántos participantes?

Aunque no hay un límite en el número de participantes, te recomendamos que los grupos de lectura estén formados por un máximo de diez personas. Este límite depende en gran manera del tipo de espacio que desees crear, el tiempo disponible y las personas que lo formen.

Quizás estés pensando en un gran grupo de treinta pastores, o cinco estudiantes universitarios, o algunas amas de casa, o un puñado de compañeros del trabajo, o toda una familia... Aunque estos colectivos son de muy diferente índole entre sí, todos pueden ser perfectamente abordados por la flexibilidad que esta guía ofrece para ser adaptada.

¿Homogéneo o heterogéneo?
Hemos observado que los grupos que mejor funcionan son aquellos que agrupan a personas que comparten estadios similares de vida. Por ejemplo: padres, madres, líderes, empleados, jóvenes, mujeres, hombres, pastores, esposas de pastores, maridos, solteros, etc. Como es lógico, estos grupos de individuos podrán compartir las mismas luchas cotidianas, y, por ende, será mucho más natural que sientan empatía entre sí y la libertad de abrirse los unos con los otros.

La dinámica

La dinámica define la forma en la que debería desarrollarse cada encuentro del grupo.

La mecánica de los encuentros
Idealmente, cada sesión está diseñada para ser desarrollada en una hora y media de duración, aunque es lo suficientemente flexible para que puedas hacer tus propios cambios.

Por ejemplo, si deseas aumentar el número de sesiones, puedes abordar un capítulo en dos encuentros o más. Esto requerirá de algunos ajustes porque no alcanzará el tiempo para trabajar muchas de las preguntas. También es posible planificar los encuentros cada quince días si los participantes no disponen de suficiente tiempo para leer el capítulo detenidamente y hacer las tareas en el periodo de una semana.

Nosotros mismos hemos comprobado que es posible desarrollar conversaciones profundas, frescas y relevantes cuando —tanto el facilitador, como el grupo— hacen el compromiso de ajustarse a los requisitos y a los tiempos acordados para cada una de las sesiones. Esto no quiere decir que el grupo deba someterse de forma rígida e inamovible a las pautas de esta guía, pero si no tienes mucha experiencia guiando grupos o tiendes a desviarte fácilmente, te aconsejamos que no improvises y te mantengas ajustado a la estructura que te proponemos.

Los únicos requisitos totalmente imprescindibles para todos los participantes son los siguientes:

- **Haber leído con detenimiento** el capítulo del libro *Cambios Profundos* que corresponde a la sesión.
- **Haber trabajado en las tareas** presentadas al final de cada encuentro.

La importancia del compromiso

Aunque no es algo obligatorio, sí que es tremendamente útil (y te aconsejamos que hagas) es el que comuniques previamente a los que están por enrolarse en tu grupo cuáles son las expectativas para participar.

Procura ser tan claro y realista como lo fue Jesús cuando dijo: "*...si alguno quiere venir en pos de mí, niéguese a sí mismo, tome su cruz cada día y sígame.*" (Lucas 9:23). Permíteme que me explique brevemente. Sí, es verdad, la Biblia nos llama a servir a todos (Gálatas 6:10); pero Jesús en Lucas nos enseña —al igual que él hizo— que debemos invertir nuestro tiempo y esfuerzo de forma especial en aquellas personas que realmente están interesadas y quieren ser cambiadas por él (recuerda que Jesús escogió solo a doce de entre todos sus seguidores).

¿Cómo puedes hacer esto? Haz uso de un listado de compromisos. Este listado te ayudará a considerar quienes de verdad están interesados y dispuestos a comprometerse. Por otro lado, también les será de utilidad a los posibles participantes para que puedan evaluar previamente cuáles serán sus responsabilidades, y qué es lo que se espera de ellos antes de involucrarse en esta experiencia de lectura comunitaria.

Lo que te ofrecemos a continuación es un ejemplo de compromiso. Puedes usarlo tal y como está, o emplearlo como base para redactar algo que se adapte mejor a la naturaleza de tu grupo.

Compromisos para los asistentes al grupo de lectura

CAMBIOS PROFUNDOS

¡Hola! De parte de todo el equipo de Cambios Profundos te damos la bienvenida. Estamos muy entusiasmados de que hayas decidido ser parte de uno de nuestros grupos internacionales de lectura. Hemos escrito algunos requisitos y recomendaciones para que juntos disfrutemos este tiempo lo máximo posible:

1. LEER EL CAPÍTULO SEMANAL CORRESPONDIENTE Y HACER LAS TAREAS

Si has decidido ser parte de este grupo de lectura ¡es porque te has comprometido a leer! Es vital que adoptes la disciplina de leer el capítulo correspondiente del libro Cambios Profundos para cada semana. Si no lo haces, será muy difícil que puedas aprovechar el tiempo invertido en cada reunión. También te aconsejamos que, si no cuentas con demasiado tiempo libre, procures separar 15 o 20 minutos al día para avanzar progresivamente en cada capítulo. Esto puede ayudarte a incorporar mejor los conceptos del libro y a fortalecer tu tiempo de lectura semanal. Recuerda que los capítulos son largos y que después debes dedicar tiempo a las tareas. ¡No lo dejes para el último día!

2. SEPARAR EL DÍA Y HORARIO DE LAS REUNIONES

Somos conscientes del esfuerzo y sacrificio que representa en nuestras apretadas agendas guardar una hora y media cada semana. Por eso, te alentamos a que separes este horario e intentes no reemplazarlo con otras actividades. Aunque esta es una actividad voluntaria, te pedimos que no te ausentes no más de un día, y si lo haces, que sea por una causa de fuerza mayor. Si crees que te será difícil participar con este nivel de regularidad es mejor que esperes a que tu agenda esté más abierta. Queremos que cada miembro disfrute de este espacio y valore el lugar que ocupa. Ten en cuenta que si alguien se ausenta en repetidas ocasiones le tendremos que pedir gentilmente que deje de asistir.

3. PARTICIPAR EN LAS REUNIONES RESPETUOSAMENTE

Nuestra expectativa con este espacio es la edificación y el crecimiento mutuo (1 Tes. 5:11). Tus aportaciones, comentarios, preguntas, tus dudas e incluso tus desacuerdos con el contenido del libro pueden ser de gran ayuda y bendición para otros. Por eso, te animamos a adoptar una actitud participativa y respetuosa durante los encuentros (muy especialmente cuando no opines de la misma forma). En el caso de las sesiones Online, te pedimos que mantengas siempre tu cámara encendida y, a menos que interrumpa la atención de los demás, también tu micrófono.

4. RESPETAR EL CONTEXTO Y USO DE ESTE ESPACIO

El motivo de este espacio es dialogar pura y exclusivamente acerca del contenido central del libro. No es nuestra intención abordar discusiones denominacionales (bautistas, pentecostales, reformados, etc.), como tampoco escatológicas (acerca del fin de los tiempos) o de cualquier índole que no tenga relación directa con el contenido del libro.

Si quieres conocer las creencias de nuestro ministerio puedes visitar nuestra declaración de fe en nuestra web: https://www.cambiosprofundos.com/creencias/. Toda posición, pregunta y opinión debe ser compartida con humildad, amor y respeto hacia los demás miembros del grupo. Por favor, si no respetas estas normas estaremos obligados a invitarte a que abandones el grupo.

5. PUNTUALIDAD

Así como entendemos el esfuerzo de cada miembro por participar de este espacio, queremos honrar y respetar los horarios estipulados. Las reuniones tendrán una duración máxima de hora y media (1h 30m); por tanto, haremos el mayor esfuerzo de comenzar y terminar lo más puntualmente posible. Para el caso de las sesiones Online, rogamos que podáis uniros a la sala virtual unos minutos antes del inicio de la sesión.

Solo nos resta decir que, como equipo de Cambios Profundos, estaremos orando por ti y confiamos que Dios usará esta experiencia para transformar tu vida. ¡Que lo disfrutes!

Nombre:______________________________Fecha:__________________

El formato de las sesiones

Sabemos que es muy fácil, en este tipo de dinámicas, terminar desviados del tema. Por esa razón, mientras confeccionábamos cada una de las sesiones, hemos procurado ser muy meticulosos y ordenados.

Cada sesión está dividida en siete partes o secciones que proporcionan una estructura bien definida y progresiva para cada encuentro. Este formato va a facilitar que todo el grupo se mantenga bien alineado con el tema.

A continuación, te mostramos todas las divisiones. Junto a cada una de ellas encontrarás tanto una duración aproximada, así como una breve descripción. Ten en cuenta, que siempre tienes la posibilidad de hacer modificaciones para mejorar el funcionamiento de los encuentros. Por eso, considera siempre nuestra propuesta justamente como lo que es: una guía de ayuda y no una estructura inflexible.

La estructura de cada sesión

Introducción
3 minutos

Al inicio de cada capítulo encontrarás un sencillo resumen de los temas que se van a tratar en la sesión.

Conceptos
5 minutos

Aquí tendrás un breve resumen de los conceptos clave del capítulo correspondiente en el libro *Cambios Profundos*.

Conecta
15 minutos

A modo de introducción al diálogo, en esta sección se ofrece una breve ilustración y preguntas que introducen el tema para preparar la conversación en grupo.

Dialoga
30 minutos

Este es el núcleo principal de la sesión donde se desarrollarán las conversaciones acerca de los conceptos clave a través de preguntas más enfocadas en el contenido del capítulo. Aunque esta sección incluirá muchas preguntas, no es necesario abordar todas ellas (depende en gran manera del tamaño del grupo, el nivel de participación y el tiempo disponible).

Aplica
25 minutos

Durante esta sección el grupo buscará llevar a la vida práctica los conceptos clave por medio de preguntas más personales.

Ora
10 minutos

Cada sesión probablemente estará llena de conceptos teológicos nuevos o renovados que, sin la ayuda de Dios, serán solo eso teoría informativa. Esta sección incluye un texto bíblico y una sencilla oración de ejemplo en conexión con el tema principal del capítulo tratado.

Trabaja
2 minutos

Para finalizar la sesión se propondrán tres tareas sencillas que tendrá que realizar todo el grupo antes del próximo encuentro:

- Leer cuidadosamente el siguiente capítulo.
- Memorizar y meditar en el versículo propuesto.
- Trabajar en las preguntas de conexión para el siguiente encuentro.

Una última propuesta

Finalmente, queremos plantearte algo opcional que puede ser de beneficio para tu grupo: confeccionar una lista de oración conjunta.

¿Qué es una lista de oración conjunta? Básicamente es un documento donde cada uno de los participantes registra sus peticiones de oración personales y las comparte con el resto.

Si ya os conocéis es mucho más fácil poder iniciar algo así desde la primera sesión. En caso contrario, no te preocupes; deja pasar algunos encuentros para que os dé tiempo a que se cultive suficiente confianza entre vosotros.

Aquí te mostramos un ejemplo de lista de oración:

Listado de oración del grupo de lectura **CAMBIOS PROFUNDOS**	
Pedro	Pedro ora por Ana Peticiones • Que Dios guarde mi mente y corazón en Él, y pueda experimentar cambios verdaderos en mis luchas. • Que mi hermano pueda conocer a Jesús. Respuestas • He podido pagar el seminario este mes gracias a una ayuda inesperada.
Ana	Ana ora por … Peticiones • Que mi identidad esté firme en lo que Dios dice de mí en Cristo. • Que pueda soltar mi lucha con la envidia y la ira. Respuestas • He podido sentir empatía con María y decirle la verdad en amor.
...	...

Si te manejas bien con la tecnología, podéis confeccionar esta lista de oración como un documento Online compartido[1]. De esta forma todos tendréis acceso a los motivos de oración de los demás, podréis ir añadiendo o cambiando los motivos personales, y también, podréis anotar de forma específica cómo Dios va respondiendo a vuestras peticiones a lo largo de las semanas. Si la opción tecnológica no está disponible, siempre podéis imprimir la plantilla que facilitamos y completarla a mano[2].

Como punto de partida para comenzar esta lista, puedes dedicar unos minutos (después de la sesión que determines más oportuna) a compartir esta propuesta con tu grupo. Posteriormente, podéis aprovechar también para registrar las peticiones personales de cada uno.

Adicionalmente, algo que os puede beneficiar es el invitar a cada participante al regalo de orar e interceder específicamente por otra persona. Posteriormente podéis ir rotando cada semana o cada dos semanas de persona (de esta forma estaréis practicando eficazmente Gálatas 6:2).

Antes de comenzar

Si has llegado hasta aquí, ¡ya tienes todo lo que necesitas para empezar!

Ahora solo nos resta hacer algo más. Queremos orar por ti y por tu grupo de la misma forma que Pablo lo hizo por el grupo de creyentes en Filipos:

> *Y esta es mi oración: que vuestro amor crezca más y más y se traduzca en un profundo conocimiento experimental, de manera que podáis discernir lo que es valioso, os conservéis limpios e irreprochables en espera del día del Señor, y seáis colmados de los frutos de salvación que otorga Jesucristo, para gloria y alabanza de Dios.*
>
> ***Filipenses 1:9-11 (BLP)***

¡Qué Dios te use mucho a ti y a tu grupo!

El equipo de ***Cambios Profundos***

---

[1] En el momento en el que se redactó esta guía, algunos de estos servicios son: Google Docs, Google Keep, Office 365, etc.

[2] Puedes descargar una copia de este documento en formato editable desde el siguiente enlace: https://docs.google.com/document/d/1BiXolit_HFABmrl2UoV16CbqhYbbfM_M

PRIMERA PARTE

¿Qué es un cambio superficial?

CAPÍTULO 1

¿Cómo funciona la obediencia superficial?

Introducción

En esta sesión nos estaremos enfocando en el concepto bíblico de la obediencia y su relación con lo que deseamos y amamos. También exploraremos algunas claves útiles para entender qué es la conversión y cómo se origina el verdadero cambio en la vida cristiana.

Toma un par de minutos para comenzar orando. Pide a Dios que use, tanto este tiempo, como las conversaciones, para escuchar lo que Él os quiera enseñar.

Conceptos

La ***obediencia superficial a Dios*** es toda aquella acción con la que busco cumplir, pero que está impulsada por un amor autocentrado y egoísta.

La ***conversión genuina*** es el cambio que se produce en mis deseos al aceptar la increíble bondad de Cristo que me ama, perdona y transforma a pesar de lo profundo de mi pecado.

La ***clave para cambiar*** es evitar el cambio superficial deteniéndome a evaluar y localizar cuáles son los deseos más profundos de mi corazón por medio de las siguientes preguntas:

- ¿Por qué hago lo que hago?
- ¿Qué es lo que realmente estoy amando al hacer lo que hago?

Conecta

PREPARACIÓN

La siguiente introducción tiene la finalidad de preparar el diálogo sobre las ideas principales del capítulo, facilitando la participación de todos los inte-

grantes del grupo. Ayuda a que los participantes no acaparen demasiado tiempo y guíalos para que logren expresarse claramente.

CONECTANDO

Cuando hablamos de cambios en las personas, por defecto solemos estar muy enfocados en lo que vemos o percibimos externamente. ¿Qué es lo que ocurre cuando alguien deja de peinarse como siempre o se corta el cabello de otra forma? Solemos decir que está distinto. Sí, es verdad, externamente se ve diferente —incluso puede que parezca otra persona— pero en lo interno aún sigue siendo la misma persona.

A menudo nos ocurre algo similar a los cristianos. Conocemos a Jesús por medio del evangelio, nos convertimos y —si dicha conversión es más o menos real— aparecen los primeros cambios: leemos la Biblia, oramos al menos una vez al día, vamos a la iglesia, servimos a los demás, damos dinero, compartimos el evangelio y hacemos otras cosas cristianas que antes no hacíamos ni valorábamos. Pero, en nuestro entusiasmo y amor inmaduro por Dios —y especialmente en las pruebas que nos acontecen— todavía no hemos llegado a descubrir cómo funciona realmente el evangelio.

Con el correr de los días, meses y años, tendemos a desvariar entre dos polos extremos: o asumimos que vivir como cristianos es algo que podemos alcanzar por medio de nuestro propio esfuerzo y disciplina (llevándonos a caer en ciclos de orgullo), o asumimos que el tipo de vida que Cristo nos ofrece es un ideal inalcanzable (llevándonos a caer en ciclos de culpabilidad, y después, de apatía espiritual).

PREGUNTA

Pensando en lo que acabamos de decir, **¿qué cosas no has logrado cambiar en tu vida a pesar de haberlo intentado muchas veces?**

Invita a que el resto comparta una o dos cosas. Si ves que nadie se anima comienza con algo concreto y personal que ayudo al resto a vencer la vergüenza y el temor a hablar.

PREGUNTA

En los ciclos de desvarío al intentar cambiar algunas de esas cosas, **¿cómo te has sentido ante el "éxito" y/o el fracaso de tus intentos de cambio?**

PREGUNTA

Tratando de pensar con un poco más de profundidad en lo anterior, **¿cuál dirías que ha podido ser la causa —o las causas— de tu fracaso al intentar cambiar?**

Dialoga

PREPARACIÓN

Las preguntas formuladas tienen el objetivo de incentivar a que el grupo hable sobre el gráfico del iceberg[3] y afiance su comprensión de este. Los que tengan dudas podrán resolverlas en comunidad, y aquellos que tengan una comprensión más clara podrán mejorar su forma de explicarlo al resto. Siente la libertad de agregar más preguntas que puedan surgir durante el diálogo y procura mantener la conversación enfocada hacia los conceptos claves de este capítulo.

PREGUNTA

¿Cómo definirías con tus propias palabras el significado de la obediencia superficial?

Pídele al grupo que piensen en un ejemplo cotidiano y que lo analicen junto con los demás usando el gráfico del iceberg.

PREGUNTA

Si la obediencia bíblica está relacionada con la conversión, **¿cómo definirías con tus propias palabras el significado de conversión genuina?**

PREGUNTA

¿En qué cosas se diferencia una conversión genuina de una que no lo es?

Invita a que los asistentes piensen en marcas o características concretas y bíblicas de una verdadera conversión. Recuerda que no se trata de perfección, pero una verdadera conversión muestra evidencias de cambios que se han producido en el interior de la persona.

[3] Cambios Profundos, Pág. 21.

PREGUNTA

El autor nos invita a que adoptemos el hábito sano de evaluar nuestras motivaciones, **¿es esta una práctica bíblica?**

Desafía a los participantes para que busquen textos bíblicos donde se exprese que Dios está más interesado en el corazón (cómo hacemos lo que hacemos), que en las acciones (lo que hacemos).

Aquí tienes algunos textos que podéis leer y comentar juntos: Deuteronomio 4:39, 6:5; 1 Samuel 7:3, 16:7; 1 Crónicas 28:9; Proverbios 21:2; Isaías 29:13; Mateo 15:8; Lucas 16:15...

PREGUNTA

Si conocer nuestras motivaciones es algo extremadamente importante, **¿cuál es el peligro si no evaluamos nuestras verdaderas motivaciones en lo que hacemos? ¿Cómo harías para cultivar este hábito de forma práctica?**

PREGUNTA

En base a los dos ejemplos que se describen al inicio de este capítulo —la mujer que ofrenda y el joven que se convierte— es muy común cambiar por una motivación incorrecta. Existiendo este riesgo, **¿cómo podemos identificar si nuestros cambios son realmente impulsados por una motivación correcta?**

PREGUNTA

"Lo más normal es vivir engañado"[4], **¿qué quiere decir el autor con esta frase y qué implicaciones tiene?**

PREPARACIÓN

Antes de transitar a la siguiente sección es un buen momento para resolver dudas. Da la posibilidad de que aquellos que han comprendido los conceptos clave, tengan la oportunidad de mejorar la forma de explicarlos a los que aún tienen dificultad para asimilarlos. Si hay tiempo, invita a que algunas personas puedan compartir, de forma resumida, aquellas cosas que más les han impactado de la lectura del capítulo.

[4] Ibid. Pág. 25.

Aplica

PREPARACIÓN

En esta sección se plantean aplicaciones prácticas de lo aprendido con la idea de que los participantes puedan pensar en cómo vivir los conceptos sobre los que se han estado charlando. Como facilitador de grupo, compro-métete a ser vulnerable con el resto y comparte de forma práctica cómo luchas tú con las ideas que se han estado tratando en este capítulo.

PREGUNTA

Conociendo ahora mejor cómo funciona la obediencia bíblica, **¿cuál era tu comprensión de esta antes de la lectura de este capítulo?**

PREGUNTA

Después de entender la importancia de las motivaciones en el cambio, **¿de qué formas concretas Dios te ha dirigido a ver con mayor claridad tus verdaderas motivaciones? ¿Cuáles han sido tus respuestas al descubrirlas?**

PREGUNTA

En relación con el cambio, **¿cuál consideras que es tu mayor lucha ahora mismo? ¿Qué recursos nuevos tienes en este momento para usar junto con la ayuda del Espíritu Santo, y cómo piensas ponerlos en práctica?**

PREGUNTA

Cualquier cambio en nuestra vida es motivado por lo que nuestro corazón desea. Siendo esto así, y evaluando sinceramente tu vida, **¿cuál piensas que es tu mayor deseo o lo que más amas ahora? ¿Por qué?**

Ora

Pon tu delicia en el Señor,
y Él te dará las peticiones de tu corazón.
Salmo 34:4

ORACIÓN

Señor, hoy puedo ver, que lo que hago la mayoría de las veces, incluso para ti, está más impulsado por amor a mí mismo que por amor a ti.

Perdóname y ayúdame por medio de tu Espíritu Santo para descubrir el objeto de mi verdadero amor y entregártelo. Guíame para encontrar en tu persona mi delicia y mi motivo principal de todo lo que hago. En el nombre de Jesús, amén.

Trabaja

- Pregúntate: **¿Por qué hago lo que hago?**
- Memoriza el Salmo 34:4 y medita en él durante la semana.
- Lee detenidamente el capítulo 2 del libro *Cambios Profundos.*
- Reflexiona y responde a las siguientes preguntas:
    - ¿Qué lugar de importancia crees que tienen las emociones y los deseos en la vida cristiana?
    - ¿Por qué crees que este tema no se suele tratar mucho en la iglesia?

CAPÍTULO 2

¿Cómo funciona el corazón?

Introducción

En esta sesión nos estaremos enfocando en el concepto bíblico del corazón humano, cómo funcionan los deseos y su problemática.

Toma un par de minutos para comenzar orando. Pide a Dios que use, tanto este tiempo, como las conversaciones, para escuchar lo que Él os quiera enseñar.

Conceptos

El ***corazón*** es la residencia de aquello que verdaderamente deseamos, amamos, disfrutamos y consideramos valioso.

El ***corazón es importante*** por dos razones:

- Porque lo que ama el corazón determina nuestra forma de actuar.
- Porque para que se produzca un cambio genuino es necesario que cambie lo que el corazón atesora.

El principal ***problema del corazón*** se enfoca en la inclinación natural de cada uno de nosotros al tratar de satisfacer nuestros deseos más profundos con cualquier otra cosa distinta a Cristo. Cuando atesoramos a Jesús cambia nuestro corazón, y como resultado, también nuestra forma de actuar.

Conecta

PREPARACIÓN

La siguiente introducción tiene la finalidad de preparar el diálogo sobre las ideas principales del capítulo facilitando la participación de todos los integrantes del grupo. Ayuda a que los participantes no acaparen demasiado tiempo y guíalos para que logren expresarse claramente.

CONECTANDO

Es relativamente fácil tener un concepto equivocado acerca del sentido o significado de la palabra corazón. Por ejemplo, es muy normal que cuando hacemos mención del corazón, las personas lo asocien principalmente con los sentimientos.

Expresiones como "te quiero con todo el corazón", "te lo digo de corazón" o "te llevo en mi corazón", expresan verbalmente emociones fuertes de la experiencia humana que nacen desde lo más interno, y que comunican un vínculo fuerte con algo o alguien.

Ahora bien, ¿qué ocurre cuando tratamos el tema del corazón y las emociones dentro de la vida cristiana? En ocasiones es común concluir que todo aquello que está relacionado con las emociones o los sentimientos no son aspectos que tengan mucha relevancia con la vida del creyente. Por eso, los cristianos solemos desvariar entre dos extremos: o bien enfatizamos demasiado la experiencia emocional confundiéndola con la verdadera espiritualidad, o bien rechazamos las emociones y los deseos, afirmando que la verdadera espiritualidad sólo tiene ver con decidir obedecer a Dios.

PREGUNTA

Deteniéndonos brevemente en el asunto de las emociones y deseos, **¿qué lugar de importancia crees que tienen las emociones y los deseos en la vida cristiana?**

Procura asegurarte de que todos entiendan la pregunta. También puedes invitar a los participantes a que compartan cómo han entendido o se les ha enseñado bíblicamente sobre este asunto.

PREGUNTA

Pensando en el concepto del corazón, **¿por qué crees que este tema no se suele tratar mucho en la iglesia?**

En ocasiones estos temas no se suelen abordar porque parece que la Biblia no los trata o simplemente porque parecen asuntos más del ámbito de la psicología o autoayuda.

Dialoga

PREPARACIÓN

Las preguntas que se proponen a continuación buscan animar al grupo para que converse sobre el concepto bíblico del corazón. Usa este espacio para resolver las dudas en comunidad y alentar a que también sean otros los que respondan. Procura mantener el enfoque en los conceptos claves de este capítulo, pudiendo añadir también preguntas adicionales que se mantengan alineadas con el tema.

PREGUNTA

¿Cómo explicarías con tus propias palabras lo que es el corazón?

Usa el diagrama del iceberg para indicar que el corazón se localiza en la parte inferior de la imagen, y está justo en la zona que está sumergida bajo el agua.

PREGUNTA

Si el corazón es una especie de recipiente, **¿qué cosas son las que "guarda" este dentro de sí mismo?**

Puedes proponer que cada persona aporte una cosa diferente y concreta para ir confeccionando un listado. La misma lectura del capítulo ofrece bastantes respuestas.

PREGUNTA

Pensando en la siguiente frase: *"El corazón es el lugar donde se completa la frase: 'Quiero…'"*[5], **¿está bien que el corazón desee cosas? ¿Por qué si, o por qué no?**

El deseo es, en sí mismo, una respuesta del corazón de Dios. Vemos esto claramente, tanto en la acción creativa de Dios en el origen de la vida, como en la esencia más profunda del evangelio. Dios es un ser que desea ser conocido, amado y disfrutado por el ser humano (1 Timoteo 2:4). Por lo tanto, el problema no está en el deseo en sí (que es una respuesta del corazón neutra), sino en lo que deseamos y cómo lo deseamos.

[5] Ibid. Pág. 32.

PREGUNTA

Pensando en el pasaje del joven rico (Lucas 18:18-30), tratemos de responder las siguientes preguntas a la luz de lo que este texto nos muestra de su corazón. **¿El joven rico amaba a Jesús, amaba al dinero o amaba ambas cosas? ¿Cuál crees que era su principal problema?**

Como se desarrolla en el capítulo, todo ser humano puede sentir atracción y amor hacia varias cosas. Ahora bien, nuestras decisiones estarán indefectiblemente afectadas por aquello que más valoramos en el momento de actuar. En el caso concreto del joven rico fue lo que su fortuna le proporcionaba (quizás seguridad, comodidad, posición social, etc.). Solo imaginar el perder su principal tesoro (el ídolo de lo que las riquezas le proporcionaban) le produjo una gran tristeza.

PREGUNTA

Con relación a cómo funciona el corazón humano y la obediencia que describe la Biblia, **¿cuál piensas que es el mayor peligro cuando obedecemos "demasiado rápido"?**

La obediencia rápida impide transitar por el proceso liberador que lleva a la persona a descubrir los verdaderos amores ocultos de su corazón (idolatría).

PREGUNTA

El capítulo presenta dos categorías distintas de deseos que están muy relacionadas, **¿cómo explicarías con tus propias palabras lo que es un deseo superficial y lo que es un deseo profundo?**

PREGUNTA

A la luz de todo lo que enseña este capítulo, **¿cómo definirías de forma sencilla lo que es la idolatría? ¿Por qué se menciona tanto en la Biblia?**

PREGUNTA

El primer paso para que se produzca un cambio real en el corazón *"es arrepentirnos del pecado debajo del pecado"*[6], **¿qué significa esto y que implica?**

[6] Ibid. Pág. 43.

PREPARACIÓN

Antes de transitar a la siguiente sección es un buen momento para resolver dudas. Da la posibilidad de que aquellos que han comprendido los conceptos clave, tengan la oportunidad de mejorar la forma de explicarlos a los que aún tienen dificultad para asimilarlos.

Si hay tiempo, invita a que algunas personas puedan compartir, de forma resumida, aquellas cosas que más les han impactado de la lectura del capítulo.

Aplica

PREPARACIÓN

En esta sección se plantean aplicaciones prácticas de lo aprendido con la idea de que los participantes puedan pensar en cómo vivir los conceptos sobre los que se han estado charlando. Como facilitador de grupo, comprométete a ser vulnerable con el resto y comparte de forma práctica cómo luchas tú con las ideas que se han estado tratando en este capítulo.

PREGUNTA

Después de haber estudiado con más detenimiento cuál es el sentido del corazón en la Biblia, **¿cómo entendías este concepto antes de leer el capítulo?**

PREGUNTA

Entender cómo funciona el corazón y los deseos nos ayudan a conocer cómo es la verdadera experiencia de la vida cristiana. Teniendo esto en cuenta, **¿crees que necesitamos proteger nuestro corazón de las cosas que son "buenas" (familia, trabajo, sexo, ministerio, amistad, deportes, comida, etc.) o solo de las que son "malas" (envida, odio, promiscuidad, violencia, etc.)? ¿Qué estrategia has usado o piensas que puedes utilizar para proteger tu corazón?**

El corazón responde a estímulos. Esto quiere decir que agentes externos (bueno o malos) tienen la capacidad de afectar la escala de valores o criterios que determinan lo que consideramos valioso y digno de ser atesorado.

PREGUNTA

¿De qué forma práctica ves en tu vida que tu corazón atesora varios ídolos? ¿En qué momentos es más fácil que lo anterior te ocurra?

Invita a los participantes a que piensen en algunos ejemplos prácticos de cómo se da esta dinámica en sus vidas cotidianas. Por ejemplo: en la familia, en la iglesia, en el ministerio, en el trabajo, en las relaciones, etc.

PREGUNTA

¿Por qué crees que en muchas ocasiones se siente poco avance en el cambio del corazón? ¿Cómo deberías lidiar con estos "sentimientos" de una forma bíblica?

La Biblia nos enseña que el cambio de corazón es un proceso largo. Comienza con un gran "sí" a Cristo (la conversión), y posteriormente es sucedido por una gran cantidad de "síes" más pequeños también a Cristo (la santificación).

Jesús en el sermón de la montaña (Mateo 5:3) nos enseñó que justamente los pobres de espíritu, es decir, los que se han dado cuenta de que no avanzan mucho, son los que en realidad están empezando a avanzar en la verdadera vida cristiana, porque están entendiendo la constante dependencia en la obra de la cruz para ser cambiados por Jesús (Juan 15:5).

Ora

Más engañoso que todo, es el corazón,
Y sin remedio;
¿quién lo comprenderá?
Jeremías 17:9

ORACIÓN

Señor, tengo la inclinación a depender demasiado de mis emociones que me engañan con facilidad. Sólo tú conoces plenamente mi corazón y mis deseos más profundos. Perdóname por sustituirte, y ayúdame a descubrir "el pecado debajo del pecado" con el que estoy tratando de satisfacer lo que sólo tú puedes llenar con plenitud. Dame el valor y coraje para soltar todo aquello que me aparta de tu perfecto, precioso e inagotable amor en Cristo. En el nombre de Jesús, amén.

Trabaja

- Pregúntate: **¿Qué busco obtener con lo que hago?**
- Memoriza Jeremías 17:9 y medita en él durante la semana.
- Lee detenidamente el capítulo 3 del libro *Cambios Profundos*.
- Reflexiona y responde a las siguientes preguntas:
    - ¿Cómo tratarías de explicarle a otra persona lo que es el amor?
    - ¿Es posible vivir sin amar?

CAPÍTULO 3

¿Cómo funciona el amor?

Introducción

En esta sesión nos estaremos enfocando en cómo funciona el amor y la importancia de este en el proceso del cambio.

Toma un par de minutos para comenzar orando. Pide a Dios que use, tanto este tiempo, como las conversaciones, para escuchar lo que Él os quiera enseñar.

Conceptos

El ***amor*** es la respuesta natural del ***corazón*** ante algo que se presenta atractivo.

El ***corazón,*** cuando ***ama*** algo, está:

- Viendo la "belleza" de lo que observa.
- Respondiendo voluntariamente.
- Involucrado plenamente y no solo emocionalmente.
- Entregado al objeto al que ama:
    - Pudiendo responder solo con las emociones, si el nivel de atracción es bajo.
    - Pudiendo con los afectos, si el nivel de atracción es alto.

El ***corazón*** cambia lo que ***ama*** solo cuando encuentra algo más atractivo y valioso que lo que posee en ese momento.

Conecta

PREPARACIÓN

La siguiente introducción tiene la finalidad de preparar el diálogo sobre las ideas principales del capítulo facilitando la participación de todos los integrantes del grupo. Ayuda a que los participantes no acaparen demasiado tiempo y guíalos para que logren expresarse claramente.

CONECTANDO

Cuando Forrest Gump, en el filme del mismo título, le dijo humildemente a Jenny: "Puede que no sea muy listo, Jenny, pero sé lo que es el amor", en cierta forma nos representaba a cada uno de nosotros. Y es que, aunque nos cuesta definir qué es el amor, todos creemos conocerlo; todos tenemos una definición propia que está afectada por nuestras experiencias personales y lo que la cosmovisión secular nos presenta a través de los medios de comunicación de forma sutil y humanista.

Ahora bien, si ya de por sí es complicado definir qué es el amor, más aún es entender cómo funciona. Pero, ¿por qué es tan importante entender cómo funciona el amor?

En primer lugar, porque el amor es la esencia de Dios mismo (1 Juan 4:8). En segundo lugar, porque Jesús es quien nos enseña que todo en la vida se resume en amar (primero a Dios y después al prójimo). Y, en tercer lugar, porque el amor es el motivador más fuerte y poderoso que existe en todo el universo, capaz de influir radicalmente en la voluntad de todo ser humano.

Si analizas esta última afirmación un momento, te darás cuenta de que cualquier acto de cualquier persona —desde la madre que protege a su hijo con su vida, al dictador que invade otro país a cualquier precio— es llevado a cabo por medio del poder del amor hacia algo o hacia alguien (pudiendo ser este tanto egoísta como altruista).

PREGUNTA

Aun sabiendo que es algo difícil de hacer, **¿cómo tratarías de explicarle a otra persona lo que es el amor?**

Es normal que las respuestas se enfoquen principalmente en los resultados de la acción de amar. El amor es algo que ocurre de forma interna en el corazón, y que se manifiesta de diferentes formas externas. Puede ser interesante anotar las diversas respuestas para contrastar dónde está la clave del verdadero amor bíblico.

PREGUNTA

Pensando en personas cristianas y no cristianas, responde a la siguiente pregunta y comparte brevemente el porqué de tu respuesta. **¿Es posible vivir sin amar?**

Posiblemente la mayoría de las respuestas estarán de acuerdo con el hecho de que es imposible vivir sin amar. A pesar de que hay personas que aparentemente no aman a los demás, sí se aman a sí mismas[7].

Dialoga

PREPARACIÓN

Las preguntas que se proponen a continuación buscan animar al grupo para que converse sobre el concepto bíblico del amor. Usa este espacio para resolver las dudas en comunidad y alentar a que también sean otros los que respondan. Procura mantener el enfoque en los conceptos claves de este capítulo, pudiendo añadir también preguntas adicionales que se mantengan alineadas con el tema.

PREGUNTA

La tesis de este capítulo se basa en mostrar que el corazón del ser humano fue creado para responder con amor cuando encuentra algo atractivo, **¿de qué forma está involucrado todo mi corazón cuando ama algo?**[8]

Amar algo es una respuesta en conjunto de tres áreas que forman parte del corazón humano, y que determinan cuan valioso es algo. El intelecto lo razona (lo ve valioso). Los sentimientos lo confirman (lo sienten valioso). La voluntad decide (lo busca como valioso).

[7] Esta es la esencia de lo que Jesús trata y asume en Mateo 22:39: todo ser humano, por causa del pecado, ya se ama a sí mismo de forma egoísta y autocentrada.

[8] Cambios Profundos, Pág. 56..

PREGUNTA

¿Estás de acuerdo con la frase "*siempre hago lo que más quiero*"[9]? Explica por qué sí, o por qué no. **¿Qué es lo que realmente mueve a una persona a escoger una cosa sobre otra?**

El ser humano escoge solo aquello que en su propio criterio le ofrece el mayor bien posible. Nadie está obligado a escoger; todos tomamos decisiones en base a aquello que amamos y valoramos más en ese momento.

PREGUNTA

Si el amor es una respuesta del corazón que no se puede forzar, **¿cómo es que Dios nos ordena, en repetidas ocasiones, que lo amemos[10]?**

Dios nos pide que lo amemos porque Él es un ser "amable". Es decir, no nos está pidiendo que amemos a un ser tirano y caprichoso. La mayor manifestación en la que Dios nos ha mostrado que es realmente digno de ser amado por encima de todo lo demás, es en el propio evangelio.

PREGUNTA

¿Cómo describirías la diferencia entre afectos y emociones? Da un ejemplo de cada categoría.

Anima a los participantes a que traten de buscar ejemplos que no estén en el cuadro que el capítulo presenta.

PREGUNTA

Teniendo en cuenta que podemos amar en diferentes niveles, y, por ende, también estar dispuestos a sacrificarnos por lo que estamos amando, **¿cómo podemos determinar si estamos amando algo con nuestras emociones o con nuestros afectos?**

PREGUNTA

En base a lo que has leído en este capítulo, **¿cuál sería tu definición correcta para explicar lo que significa amar a Dios?**

Es muy posible que los participantes se enfoquen en hacer cosas que "agraden a Dios" como obedecer lo que Él nos pide sin considerar las motivaciones.

---

[9] Ibid. Pág. 56.

[10] Ver Deuteronomio 6:5, 11; Mateo 22:37; Marcos 11:30; Lucas 10:27.

PREPARACIÓN

Antes de transitar a la siguiente sección es un buen momento para resolver dudas. Da la posibilidad de que aquellos que han comprendido los conceptos clave, tengan la oportunidad de mejorar la forma de explicarlos a los que aún tienen dificultad para asimilarlos. Si hay tiempo, invita a que algunas personas puedan compartir, de forma resumida, aquellas cosas que más les han impactado de la lectura del capítulo.

Aplica

PREPARACIÓN

En esta sección se plantean aplicaciones prácticas de lo aprendido con la idea de que los participantes puedan pensar en cómo vivir los conceptos sobre los que se han estado charlando. Como facilitador de grupo, comprométete a ser vulnerable con el resto y comparte de forma práctica cómo luchas tú con las ideas que se han estado tratando en este capítulo.

PREGUNTA

Volviendo a la afirmación de que el amor es una respuesta, **¿en qué ocasiones concretas te cuesta más amar a Dios y por qué? ¿Qué cosas puedes hacer para recuperar tu amor por Él si no lo sientes?**

PREGUNTA

Jesús en el sermón del monte nos enseña que debemos amar a nuestros enemigos. Pensando en los conflictos (o diferencias) que puedas tener en este momento con algunas personas, **¿cómo puedes lidiar con ellos considerando lo que has aprendido en este capítulo? ¿Qué pasos prácticos debes dar?**

La clave principal para poder amar a mi enemigo depende de mi percepción y experiencia real del amor de Cristo. Solo el amor de Jesús puede transformar el dolor y el odio que siento en verdadera compasión. De manera que cuando "veo" el nivel de amor que Cristo ha demostrado por mí, y dejo que este me cautive (nuevamente o por primera vez), entonces puedo amar a mi enemigo de la misma forma.

PREGUNTA

Imagina por un momento que alguien necesita ayuda para detectar qué cosas está amando realmente, ¿cómo ayudarías a esta persona?

Ahora piensa en tu vida y tus propias luchas **¿qué cosas has detectado que realmente estabas amando y antes desconocías?**

Ora

En esto consiste el amor: no en que nosotros hayamos amado a Dios, sino en que Él nos amó a nosotros y envió a su Hijo como propiciación por nuestros pecados
1 Juan 4:10

ORACIÓN

Señor, cada día necesito, no solo volver a recordar tu amor, sino sentirme realmente amado por ti. Necesito ser quebrantado por tu bondad, cautivado por tu gracia y transformado por tu compromiso radical de amarme a pesar de mí mismo. Perdona mi amor egoísta e imperfecto; que tu belleza seduzca mi corazón y me libere para amarte más a ti, y también amar a los demás como tú me amas. En el nombre de Jesús, amén.

Trabaja

- Pregúntate: **¿Cómo estoy amando realmente?**
- Memoriza 1 Juan 4:10 y medita en él durante la semana.
- Lee detenidamente el capítulo 4 del libro *Cambios Profundos.*
- Reflexiona y responde a las siguientes preguntas:
    - ¿Qué cosas has descubierto que tienen más poder para tentarte?
    - ¿De qué formas has luchado contra la tentación antes?

CAPÍTULO 4

¿Cómo funciona la tentación?

Introducción

En esta sesión estaremos aprendiendo sobre qué es la tentación, cómo funciona, y cómo el pecado hace uso de ella para engañar al corazón.

Toma un par de minutos para comenzar orando. Pide a Dios que use, tanto este tiempo, como las conversaciones, para escuchar lo que Él os quiera enseñar.

Conceptos

Los ***deseos profundos*** del corazón humano son parte del diseño divino, por eso:

- Puedo tener deseos porque no es pecado.
- Puedo encontrar satisfacción plena de estos solo en Dios.
- Debo usarlos como medio, para que, al disfrutar a Dios y amarlo, lo glorifique.
- Debo aceptar que mi problema es dónde y cómo los satisfago.

El ***corazón humano peca al tratar de satisfacer sus deseos profundos por sí mismo***:

- Cuando cree la mentira de que algo promete suplir sus necesidades, pero en realidad no lo hace.
- Cuando se transforma en su propio salvador sustituyendo a Dios por otra cosa y cae en idolatría.

Conecta

PREPARACIÓN

La siguiente introducción tiene la finalidad de preparar el diálogo sobre las ideas principales del capítulo facilitando la participación de todos los integrantes del grupo. Ayuda a que los participantes no acaparen demasiado tiempo y guíalos para que logren expresarse claramente.

CONECTANDO

No sé si te gusta mucho ir al dentista, pero si es así te felicito. Al menos en mi entorno cercano, no hay demasiadas personas que se sientan muy felices cuando le toca ir a revisión.

Algunos estudios estadísticos indican que cerca del 24% de la población sufre de ansiedad dental o miedo al dentista, porque desconfía del especialista. Por otro lado, hay otra gran cantidad de personas que tiene gran pánico a que el doctor les detecte algún problema que requiera de una intervención drástica y dolorosa en sus dentaduras.

Confieso que yo soy de esos. El olor a desinfectante en la clínica, el tiempo interminable de espera, la incomodidad de tener la boca abierta tanto tiempo, el pinchazo de anestesia en la encía, el succionador de saliva que te deja la boca seca, el terrorífico sonido del torno sobre los dientes y el espeluznante olor a esmalte quemado me ponen extremadamente nervioso. Es por eso que tiendo a minimizar o ignorar la situación cuando aparecen evidencias de que algo extraño está pasando en mis dientes y necesitan una revisión.

Ahora bien, a pesar de lo anterior, hay algo que debo reconocer. Es mucho peor ignorar la existencia de un problema dental creyendo que este no aparecerá, que enfrentar el profundo dolor que deviene de una muela que no ha sido diagnosticada y tratada a tiempo.

¿Cuál es la enseñanza de esta breve ilustración? Un correcto diagnóstico es el paso previo e imprescindible para atacar un problema en su raíz más profunda.

Cuando pensamos en el corazón del ser humano, la Biblia no solo nos enseña que es en sí, sino que también nos ofrece una herramienta de diagnóstico para detectar dónde está el verdadero problema de este.

Si el azúcar y la falta de higiene son el contexto perfecto para la aparición de caries; entonces la tentación y los deseos desordenados que el corazón anhela, son el contexto perfecto para el pecado.

PREGUNTA

Pensando en la tentación como algo que conecta con los deseos más profundos del corazón, **¿qué cosas concretas has detectado que tienen más poder para tentarte?**

Si bien todos necesitamos satisfacer nuestras necesidades profundas, por causa del pecado, todos somos influidos constantemente por nuestro propio autoengaño, nuestra experiencia de vida (pasada y presente) y la filosofía del mundo que nos rodea. Por esta causa es normal que, aun teniendo las mismas necesidades profundas, no coincidamos en las mismas cosas concretas que nos tientan.

PREGUNTA

Sabemos que la Biblia nos llama a no exponernos a la tentación, **¿de qué formas has luchado contra la tentación antes? ¿Cuáles han sido los resultados a medio-largo plazo?**

El legalismo es algo que está tan implantado en lo cristianos que es difícil despojarse de él. Por eso, normalmente la forma en la que se instruye para luchar contra las tentaciones suele estar más enfocada en los esfuerzos humanos para combatirlas. Aunque esto es cierto en parte (Dios nos hace responsable de hacer uso de nuestra voluntad para combatir contra la tentación), nos resulta difícil creer que la gracia en el evangelio (el incondicional amor de Dios en Cristo) es la verdadera fuente de poder en este conflicto diario.

Dialoga

PREPARACIÓN

Las preguntas que se proponen a continuación buscan animar al grupo para que converse sobre el concepto bíblico de la tentación. Usa este espacio para resolver las dudas en comunidad y alentar a que también sean otros los que respondan. Procura mantener el enfoque en los conceptos claves de este capítulo, pudiendo añadir también preguntas adicionales que se mantengan alineadas con el tema.

PREGUNTA

Si Dios creó al ser humano sin defectos, pero con necesidades (deseos que necesitan ser satisfechos), **¿por qué solemos entender la vida cristiana como una lucha constante contra nuestros deseos? ¿Cuál sería el enfoque bíblico correcto?**

Claramente hay deseos lícitos y deseos que no son lícitos. Por ejemplo, el deseo de dañar a otra persona es obviamente algo que debemos condenar y rechazar. Sutilmente hay otros deseos que se suelen abrazar o condenar sin profundizar demasiado en ellos. Por otro lado, el legalismo religioso suele mostrar un cristianismo de negación con el objeto de ganar el favor de Dios en base a la obediencia superficial. Todos aún tenemos un fariseo interno que, aunque está agonizando (por causa del evangelio), todavía sigue tratando de engañarnos.

PREGUNTA

Si desear es parte del diseño de Dios, **¿cómo explicarías la frase "*no hay nada intrínsecamente malo en desear que nuestras necesidades espirituales más profundas sean satisfechas*"? ¿Qué implicaciones prácticas tiene esta afirmación para vivir un cristianismo genuino?**

PREGUNTA

¿Qué opinas de la frase donde Blas Pascal afirma que "*todos los hombres buscan la felicidad*"? ¿Puedes pensar en algún caso donde esta afirmación no se pueda aplicar?

Es posible pensar que las personas que presentan tristeza, angustia o ansiedad no buscan la felicidad, pero, como ya tratamos anteriormente, el corazón escoge aquello que considera más beneficioso para sí. Por ejemplo, una persona deprimida está persuadida de que lo mejor (lo que más "felicidad" o menos sufrimiento le proporcionará) es quedarse en la cama o encerrarse en sí misma.

PREGUNTA

Si la Biblia nos llama a glorificar a Dios en todo, **¿cómo explicarías lo que significa glorificar a Dios? ¿De qué manera se relaciona el glorificar a Dios con nuestros deseos?**

Tradicionalmente al hablar de glorificar a Dios se suele pensar en todo lo que debemos hacer para mostrarnos más santos y parecidos a Jesús. Glorificar es elevar el valor de algo por encima del resto de cosas. Por esta causa cuando disfrutamos, estamos amando. Y cuando amamos, estamos glorificando. El evangelio nos invita al único verdadero camino de la transformación de nuestro corazón: satisfacer nuestros deseos profundos con Él, y en Él.

PREGUNTA

Hay muchas iglesias que ponen el objetivo de la vida cristiana en encontrar la felicidad, **¿crees que ser feliz es un objetivo lícito del cristiano? ¿Explica por qué?** Busca algunos pasajes que sostengan tu argumento.

¿Qué es en sí la felicidad? Es un estado de llenura o satisfacción plena. Entonces, ¿es correcto decir que el objetivo de la vida cristiana es ser feliz? Sí, pero el matiz es que la felicidad verdadera se encuentra en Cristo; no en algo que él tenga u ofrezca, sino en él mismo.

PREGUNTA

Después de haber leído todo este capítulo, **¿cómo le explicarías a una persona no cristiana lo que es la idolatría, y por qué es pecado?**

Algo que ayuda mucho a entender conceptos bíblicos que quizás hemos escuchado durante años es el tratar de explicarlos en un idioma que alguien no cristiano comprenda y acompañarlo de buenas ilustraciones. Puedes proponer que entre todos logren formular una definición y que la utilicen cuando compartan el evangelio con otras personas.

PREPARACIÓN

Antes de transitar a la siguiente sección es un buen momento para resolver dudas. Da la posibilidad de que aquellos que han comprendido los conceptos clave, tengan la oportunidad de mejorar la forma de explicarlos a los que aún tienen dificultad para asimilarlos. Si hay tiempo, invita a que algunas personas puedan compartir, de forma resumida, aquellas cosas que más les han impactado de la lectura del capítulo.

Aplica

PREPARACIÓN

En esta sección se plantean aplicaciones prácticas de lo aprendido con la idea de que los participantes puedan pensar en cómo vivir los conceptos sobre los que se han estado charlando. Como facilitador de grupo, comprométete a ser vulnerable con el resto y comparte de forma práctica cómo luchas tú con las ideas que se han estado tratando en este capítulo.

PREGUNTA

Teniendo en cuenta que la tentación nos lleva a la idolatría, **¿qué ídolos te resultan más difíciles de abandonar? ¿Qué deseos más profundos estás tratando de satisfacer con ellos, y por qué causa?**

Descubrir nuestros ídolos y la causa de porqué lo hemos transformado en algo valioso suele ser un proceso que lleva tiempo. Dios nos ayuda por medio de las Escrituras y las relaciones de amistad cristiana con otras personas maduras dentro de la iglesia (pastores, mentores, líderes de ministerio, etc.).

PREGUNTA

En tu propia experiencia, **¿cuáles han sido los resultados (en ti, en tu familia, en tu ministerio, etc) cuando has cedido a la tentación? ¿Cuánto han durado "las promesas" que te susurraban?**

PREGUNTA

Con respecto a cómo te tientan tus ídolos, **¿qué has aprendido en este capítulo para poder pelear bíblicamente contra ellos? ¿Cómo piensas ponerlo en práctica?**

Ora

No os ha sobrevenido ninguna tentación que no sea común a los hombres; y fiel es Dios, que no permitirá que vosotros seáis tentados más allá de lo que podéis soportar, sino que con la tentación proveerá también la vía de escape, a fin de que podáis resistirla.
1 Corintios 10:13

ORACIÓN

Señor, mi principal problema no tiene que ver con mis deseos o con buscar la felicidad. Mi problema es que no puedo ver que tú eres la fuente de verdadera felicidad y satisfacción para mi alma. Perdona las veces que te sustituyo y creo la mentira de que hay algo mejor que tú. Gracias porque, en tu amor, me disciplinas y dejas probar el sabor amargo de lo que te deshonra y me daña. Dame ojos para ver que tú, y solo tú, eres mi fuente de perdón, amor y vida. En el nombre de Jesús, amén.

Trabaja

- Pregúntate: **¿Dónde estoy buscando realmente mi felicidad?**
- Memoriza 1 Corintios 10:13 y medita en él durante la semana.
- Lee detenidamente el capítulo 5 del libro *Cambios Profundos*.
- Reflexiona y responde a las siguientes preguntas:
    - ¿Cuál crees que es la causa más común que hace volver a Jesús después de pecar?
    - ¿Qué es lo peor que alguien podría llegar a decir sobre tí?

CAPÍTULO 5

¿Cuál es la forma equivocada de cambiar?

Introducción

En esta sesión estaremos aprendiendo acerca de cuáles son los motivos incorrectos que impulsan a un falso arrepentimiento –y, por ende, a cambios superficiales– para contrastarlos con la única causa que puede efectuar un verdadero cambio duradero en el corazón.

Toma un par de minutos para comenzar orando. Pide a Dios que use, tanto este tiempo, como las conversaciones, para escuchar lo que Él os quiera enseñar.

Conceptos

Las ***motivaciones incorrectas*** para cambiar son:

- La culpa que busca acallar un sentimiento que me molesta.
- El orgullo que busca demostrar mi valor.
- El temor que busca evitar las posibles consecuencias.
- El egoísmo que busca obtener algún beneficio.

Intento ***cambiar de forma equivocada*** con mis fuerzas porque:

- Creo que mi obediencia me hace aceptable ante Dios.
- Creo que mi obediencia puede alcanzar el estándar de Dios.
- Creo que mi santificación depende de mí y no de Dios.
- Creo que mi obediencia merece el favor de Dios.

Cuando intento ***cambiar de forma equivocada*** con mis fuerzas:

- Obtengo cambios que no duran demasiado.
- Obtengo cambios que son externos y no afectan al corazón.

Conecta

Preparación

La siguiente introducción tiene la finalidad de preparar el diálogo sobre las ideas principales del capítulo facilitando la participación de todos los integrantes del grupo. Ayuda a que los participantes no acaparen demasiado tiempo y guíalos para que logren expresarse claramente.

Conectando

¿Alguna vez te has "apropiado" de algo que no te pertenece? Estoy convencido de que la mayoría de nosotros lo hemos hecho. Puede que en tu caso –como en el mío– fuera un objeto; pero también pueden haber sido ideas, palabras o, incluso, pensamientos de otros.

Permíteme contarte una breve historia. Yo era un joven de 14 años y estaba sentado en una pequeña habitación frente a un guardia de seguridad que hablaba por teléfono. ¿Por qué estaba allí? Media hora antes había salido junto a un grupo de compañeros al centro comercial que se ubicaba a escasos metros del lugar donde estudiábamos juntos, tal y como los hacíamos todas las mañanas durante el descanso.

Mi único interés era distraerme observando las novedades electrónicas recién llegadas al departamento de audio de alta fidelidad, pero en esta ocasión se me ocurrió una brillante idea: ver qué podía llevarme sin pagar para contarles a mis compañeros mi gran acto de valentía.

La adrenalina corría por mis venas, así que excitado por el reto comencé a escoger cuál sería mi presa. Después de buscar algo pequeño y fácil de esconder, me decanté por un pack de cuatro baterías alcalinas de marca blanca que guardé rápidamente dentro de mi bolsillo. Estaba convencido de que nadie me había visto... Pero, craso error...

Sin saber cómo, una grave voz sonó tras mi nuca mientras percibía el peso firme de una mano en mi hombro izquierdo. De hecho, era la mano de la misma persona que me acompañaba en la diminuta habitación de seguridad del supermercado, y que ahora mantenía una calurosa conversación con el director del centro donde yo estudiaba.

El resto de lo que ocurrió fue un torrente de situaciones vergonzosas: el guarda de seguridad me escoltó hasta el centro, y el director notificó a mis padres lo ocurrido. Nunca había afrontado una situación así. Lo único que deseaba era volver al pasado y enmendar mis decisiones. Estaba tan avergonzado, tan decepcionado y arrepentido, que aquel día acepté mi pecado y la corrección de mis padres sin replicar. También los acompañé "voluntariamente" a la reunión de oración con una actitud de sumisión y tristeza, pero ¿había cambiado mi corazón? ¿Qué habría ocurrido si nadie llega a descubrirme?

PREGUNTA

Pensando en una experiencia similar a la de la historia anterior, **¿cuál crees que es la causa más común que hace volver a Jesús después de pecar?**

Esta pregunta requiere de tiempo para pensarla bien. Lo común es concluir que debemos arrepentirnos y volver a Jesús (es lo correcto), pero pocas veces se analiza bíblicamente que el verdadero arrepentimiento es operado por el evangelio, aplicado por el Espíritu Santo y fundamentado en el amor de Dios por medio de Jesús. La intención de esta pregunta es comenzar a entender cómo la mayoría de las causas tradicionales que llevan al arrepentimiento suelen ser incorrectas.

PREGUNTA

En muchas ocasiones el arrepentimiento superficial busca construir una imagen "aceptable" hacia Dios y hacia otros, **¿qué es lo peor que alguien podría llegar a decir sobre ti?**

Detectar las cosas que valoramos desordenadamente nos ayuda a descubrir cómo nuestros intentos de cambio fallidos están conectados a nuestros ídolos. En este caso concreto, por ejemplo, si mi valor como persona servicial en la iglesia está en juego y alguien me hace sentir que no cumplo las expectativas, trataré de cambiar con mis fuerzas porque me da miedo que los demás piensen así de mí. No quiero perder la admiración y reconocimiento de los que me rodean, y por eso cambio.

Dialoga

PREPARACIÓN

Las preguntas que se proponen a continuación buscan conversar acerca de las motivaciones equivocadas para cambiar y los resultados de estas. Usa este espacio para resolver las dudas en comunidad y alentar a que también sean otros los que respondan. Procura mantener el enfoque en los conceptos claves de este capítulo, pudiendo añadir también preguntas adicionales que se mantengan alineadas con el tema.

PREGUNTA

El autor, al inicio del capítulo introduce el tema mencionando lo siguiente: "...cuando somos confrontados con nuestros fallos y tropiezos inevitablemente sufrimos un ataque a nuestra identidad. El ego es herido."[11], **¿por qué crees que ocurre esto?**

La causa principal de esta respuesta tiene que ver con los efectos del pecado en la mente del ser humano que le lleva a interpretar la vida y sus acontecimiento de forma distorsionada. Los teólogos llaman a esto "los efectos noéticos del pecado" (Efesios 4:17,18). Nuestro sentido de valor deja de estar en Dios y pasa a depender directamente de nuestros propios juicios de valor que están afectados por las opiniones de otras personas.

PREGUNTA

Si el arrepentimiento es clave para cambiar en la vida cristiana, **¿cómo puedo detectar la diferencia entre un arrepentimiento motivado por la culpa y un arrepentimiento genuino?**

Tal y como se desarrolla en el capítulo, necesito evaluar qué es lo que estoy tratando de conseguir con mi cambio de actitud. En el caso de la culpa, posiblemente trataré de usar a Jesús como un medio para sentir alivio o justificarme, pero no iré a él como mi alivio o mi justicia.

PREGUNTA

¿Cómo resumirías brevemente cuál es el factor más importante que diferencia un cambio superficial de un cambio profundo?

[11] Cambios Profundos, Pág. 81-82.

La clave del cambio profundo se enfoca mucho más en mi comprensión y experiencia de la gracia de Dios que en mi capacidad para cambiar (aunque mi esfuerzo está involucrado y es necesario). Puede que aun quede mucho por cambiar en mí, pero ¿es amar a Jesús mi objetivo de vida? Este deseo profundo y la experiencia del amor incondicional de Dios, ambos, serán los que operen el cambio profundo y duradero en el corazón.

PREGUNTA

Como hemos visto, el libro muestra cuatro razones que nos suelen mover a cambiar por nosotros mismos. **¿Se te ocurren otras razones diferentes que puedas mencionar?**

Aunque de una u otra forma están relacionadas con las cuatro que se presentan, es posible encontrar otras. Por ejemplo, la impaciencia (no esperar el tiempo de Dios buscando acelerar los cambios).

PREGUNTA

La Biblia claramente nos indica que debemos esforzarnos para vivir la vida cristiana, **¿cómo conciliamos entonces nuestro esfuerzo y la imposibilidad de que este opere cambios profundos en el corazón?**

El camino que la Biblia nos indica se centra en poner todo nuestro esfuerzo para exponernos a la gracia. ¿Cómo? Moviendo nuestra voluntad hacia todo aquello que aumente nuestra exposición al evangelio. Sí, hay esfuerzo, pero no de llevar a cabo en nosotros un cambio que no podemos hacer, sino el de acudir a quien sí puede –y quiere– llevar a cabo el cambio interior de nuestros afectos: nuestro Padre celestial.

PREGUNTA

El autor dice respecto a nosotros y a Dios que, en Cristo, "*¡jamás podremos hacer nada para desagradarle!*[12]", **¿quiere decir esto que Dios no siente rechazo por mi pecado? ¿Qué es lo que quiere expresar el autor con esta afirmación?**

Dios es el ser que más odia, rechaza y más ira santa siente hacia el pecado. Pero a pesar de esto, no puede sentir rechazo hacia el pecador que está vinculado a Él por medio de Jesús. En Jesús, Dios nos ve como a su

[12] Ibid. Pág. 94.

propio hijo (Romanos 8:1); por eso, a pesar de que sigamos lidiando con el pecado y nuestras luchas, nunca puede odiarnos ni rechazarnos, porque sería negarse a sí mismo (Romanos 8:35).

PREGUNTA

¿Cómo entiendes la siguiente frase "*la vida cristiana es imposible de vivir*"? ¿Cómo se la explicarías a una persona que no es cristiana o que se acaba de convertir?

Para una persona no creyente puede ser muy llamativa esta expresión, pero también puede ayudar a poner el énfasis no en la capacidad moral del hombre, sino en el carácter de Dios. Por otro lado, los nuevos creyentes se caracterizan por vivir un periodo de primer amor que idealiza rápidamente la vida cristiana, teniendo que enfrentarse tarde o temprano, con la posible realidad de pecados pasados. Es en estos casos, donde esta frase bien explicada y fundamentada en la biblia, puede ser de mucho aliento y ánimo.

PREPARACIÓN

Antes de transitar a la siguiente sección es un buen momento para resolver dudas. Da la posibilidad de que aquellos que han comprendido los conceptos clave, tengan la oportunidad de mejorar la forma de explicarlos a los que aún tienen dificultad para asimilarlos. Si hay tiempo, invita a que algunas personas puedan compartir, de forma resumida, aquellas cosas que más les han impactado de la lectura del capítulo.

Aplica

PREPARACIÓN

En esta sección se plantean aplicaciones prácticas de lo aprendido con la idea de que los participantes puedan pensar en cómo vivir los conceptos sobre los que se han estado charlando. Como facilitador de grupo, comprométete a ser vulnerable con el resto y comparte de forma práctica cómo luchas tú con las ideas que se han estado tratando en este capítulo.

PREGUNTA

Teniendo en cuenta las cuatro motivaciones incorrectas para el cambio: la culpa, el orgullo, el temor y el egoísmo, **¿en cuales caes con más regularidad y por qué crees que te ocurre?**

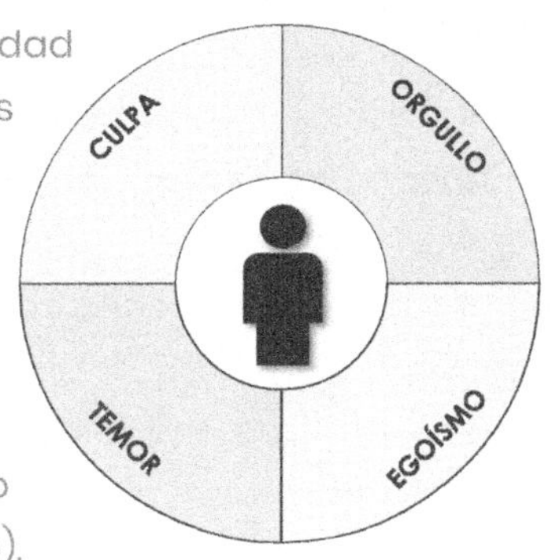

Los siguientes gráficos pueden ser de utilidad para mostrar que lo más normal es que nos desplacemos entre extremos, o incluso que en algunas ocasiones nuestras motivaciones sean una mezcla de las cuatro indicadas. Cuando descubrimos esto solemos caer nuevamente en esforzarnos por mantener nuestras motivaciones puras (el centro del círculo del primer gráfico).

La clave del capítulo, y el enfoque bíblico, se centra en mantenerse en la cruz que nos cubre con el amor de Dios y su perdón a pesar de nuestras motivaciones mixtas. "Permanecer en su amor" (Juan 15:9), es lo que tiene poder real para, progresivamente, y en medio de estas, liberarnos de nuestras motivaciones incorrectas para cambiar.

PREGUNTA

¿Cuál es el primer pensamiento que te trae a la mente "tu teología" cuando fallas o pecas? ¿Y si es una lucha repetitiva con algo que parece no desaparecer?

Tal y como se menciona al inicio del capítulo, nuestra tendencia es la de "arreglar" las cosas a nuestra manera, y justamente eso, nos lleva en primera instancia a enfocarnos en lo que debemos hacer nosotros. Tras varios intentos posiblemente acabemos desanimados y desconfiados de que el amor de Dios es suficiente, y que solo este, puede ir liberándonos poco a poco cuando nos dejamos ser amados y perdonados.

PREGUNTA

De la misma forma que el autor comienza compartiendo la experiencia de Paul Tripp después de escribir un libro sobre el dinero y el sexo, descubrir la oscuridad del corazón es un proceso necesario, pero a la vez doloroso. **¿Qué recursos tienes para lidiar contra el desánimo que produce lo anterior?**

Es muy posible que el problema de desánimo sea el resultado de un enfoque incorrecto. Evaluar el corazón tiene el objetivo de sanar y no de condenar. Nunca tendremos un corazón plenamente puro. Nuestras motivaciones siempre, incluso para cambiar, estarán mezcladas con nuestro propio amor egoísta y autocentrado. La finalidad de exponer estas cosas es la de despertar la necesidad de la gracia; en realidad, utilizar la oscuridad de nuestros corazones como un trampolín para volver a anhelar y buscar nuevamente el abrazo que Jesús nos ofrece por medio del evangelio.

Ora

Al oír Él esto, dijo: Los que están sanos no tienen necesidad de médico, sino los que están enfermos. Mas id, y aprended lo que significa: «Misericordia quiero y no sacrificio»; porque no he venido a llamar a justos, sino a pecadores.
Mateo 9:12-13

ORACIÓN

Señor, mi enfermedad espiritual es más profunda de lo que puedo ver. Soy consciente de que digo amarte, pero mi amor aún está mezclado con motivaciones egoístas que me llevan a buscar mi gloria incluso en mis mejores momentos espirituales contigo. Y aunque, cuando veo esto siento tristeza, dame gracia para descansar en la cruz; el lugar donde Tu Hijo dijo: "consumado es". Ayúdame a ver en mis debilidades el camino hacia el sanador de mi corazón: mi Padre celestial. Que su abrazo me salve, perdone y de poder para que "olvidando lo que queda atrás y extendiéndome a lo que está delante, prosigo hacia la meta para obtener el premio del supremo llamamiento de Dios en Cristo Jesús", amén.

Trabaja

- Pregúntate: **¿Qué me está moviendo a cambiar ahora?**
- Memoriza Mateo 9:12,13 y medita en él durante la semana.
- Lee detenidamente el capítulo 6 del libro *Cambios Profundos*.

- Reflexiona y responde a las siguientes preguntas:
  - ¿Qué es lo que más te enoja y hace perder la paciencia?
  - ¿En qué ocasiones particulares tiendes a poner excusas o culpar a otros?

SEGUNDA PARTE

¿Qué es un cambio profundo?

CAPÍTULO 6

Cuando descubro los verdaderos deseos de mi corazón

Introducción

En esta sesión estaremos explorando con más profundidad sobre los deseos del corazón y cómo estos pueden transformar algo bueno en algo pecaminoso. También examinaremos cuál es el primer paso necesario para que el evangelio comience a forjar un verdadero cambio profundo.

Toma un par de minutos para comenzar orando. Pide a Dios que use, tanto este tiempo, como las conversaciones, para escuchar lo que Él os quiera enseñar.

Conceptos

Para experimentar un *cambio profundo* <u>necesito ver que la idolatría</u>:

- Se produce cuando *deseo cualquier cosa más que a Dios*, creyendo que puede proporcionar verdadera vida; convirtiéndola en mi dios y mi salvador.
- Se produce cuando *transformo un deseo en demanda*, creyendo que yo mismo soy mi dios y mi salvador.

Para experimentar un *cambio profundo* <u>necesito ver que "el fruto"</u>:

- Es el resultado de todas aquellas cosas buenas que hago con un amor puro que nace de estar disfrutando a Jesús (1 Juan 4:19).
- Es el resultado de la obra de Jesús en mí y no de mis esfuerzos (1 Juan 15:5).

Para experimentar un *cambio profundo* <u>necesito aceptar que no puedo cambiar mis deseos</u>:

- Porque al darme cuenta de que constantemente caigo en idolatrar los deseos de mi corazón:

  - Necesito tanto *perdón* como el día que me convertí.
  - Necesito el *poder* del Espíritu Santo para vivir de una forma que yo jamás podría vivir (Juan 15:5)
- Porque al darme cuenta de que tanto el *perdón*, como el *poder* son un regalo ofrecido gratuitamente en Cristo, me vuelvo a enamorar de él, y ¡cambia lo que amo!

Conecta

PREPARACIÓN

La siguiente introducción tiene la finalidad de preparar el diálogo sobre las ideas principales del capítulo facilitando la participación de todos los integrantes del grupo. Ayuda a que los participantes no acaparen demasiado tiempo y guíalos para que logren expresarse claramente.

CONECTANDO

Quizás nunca has conducido en tu vida, pero la experiencia de pilotar un automóvil es extremadamente reveladora para el ser humano.

Creo que podríamos estar seguros de que, si quieres conocer realmente a una persona, solo tienes que observar y analizar cómo se comporta cuando está al volante.

Confieso que esta también es una lucha personal. Odio conducir en el atasco de la ciudad. Me produce malestar y me desagrada en gran manera, porque siento ansiedad e inseguridad. Pero también hay algo más. No solo tengo la autoconvicción de que nadie conduce tan bien como yo, sino que, además, suelo estar persuadido de que el resto comete una gran cantidad de imprudencias.

¿Acaso no has tenido una experiencia similar a esta? Estás transitando por una autovía. Indicas que deseas salir en el próximo desvío y no tienes a nadie detrás de ti. De forma repentina aparece otro vehículo a la izquierda que te adelanta rápidamente, para después —sin ninguna indicación, y a una distancia poco prudencial— invade tú mismo carril y toma el mismo desvío antes que tú.

O pensemos en otro caso, ¿qué tal ese vehículo que trata de colarse justo delante de ti después de estar esperando en una larga fila más de 10 minutos?

Cierro los ojos y puedo imaginarlo. La sangre te hierve y solo piensas en acelerar para evitar que ese temerario y egoísta conductor se salga con la suya ¡permitir que lo haga sería injusto!

Estos son dos simples ejemplos, pero podríamos enumerar muchos más: esperando a pagar en el super, en la desobediencia de los hijos, en las diferencias de opinión con los amigos, la esposa o el marido, o incluso, en las injusticias en general. Es muy obvio que estas situaciones nos transforman en monstruos, pero ¿son las situaciones el problema o somos nosotros?

PREGUNTA

Reconociendo que toda persona tiene un momento de "transformación en monstruo", esa respuesta externa siempre está motivada por una necesidad interna (o deseo). Siendo esto así, **¿qué es lo que más te enoja y te hace perder la paciencia habitualmente?**

PREGUNTA

La Biblia una y otra vez nos revela que todos tenemos un problema de ceguera. Pensando en los momentos donde alguien te ha confrontado, **¿en qué ocasiones particulares tiendes a poner excusas o culpar a otros por tus actos?**

Dialoga

PREPARACIÓN

Las preguntas que se proponen a continuación buscan conversar sobre cómo los deseos nos tientan y engañan para convencernos de que nos darán más vida que la vida verdadera que Jesús tiene para nosotros. Usa este espacio para resolver las dudas en comunidad y alentar a que también sean otros los que respondan. Procura mantener el enfoque en los conceptos claves de este capítulo, pudiendo añadir también preguntas adicionales que se mantengan alineadas con el tema.

PREGUNTA

La psicología moderna suele afirmar que la causa de las respuestas a las variadas situaciones que las personas enfrentan está determinada principalmente por nuestro carácter, la influencia de la familia, nuestra genética, o los traumas experimentados entre otras cosas, **¿qué dice la Biblia al respecto? ¿Qué argumentos podemos obtener de este capítulo para responder bíblicamente a las afirmaciones de la psicología?**

PREGUNTA

Pensando en la ilustración de la mujer que prepara la cena y el marido desconsiderado, **¿es injusto que la mujer sienta lo que siente? ¿Por qué sí o por qué no? ¿Cuál ha sido el problema?**

PREGUNTA

Continuando con la misma ilustración que presenta el capítulo, **¿cómo debería esta mujer haber manejado de forma bíblica la situación?**

La clave en este caso está en que la mujer llegue al punto donde pueda responder al dolor de la situación sin pecar. Esto implica renunciar a la amargura, a los gritos, a castigar con la indiferencia o desconectarse del vínculo con Cristo. Pero también, aferrarse a los medios que Dios ha dispuesto para salir de la tentación (1 Corintios 10:13).

Ante esta situación hay tres posibles alternativas bíblicas que la mujer debe evaluar: confrontar al marido con un corazón lleno de Cristo, esperar para pasar un tiempo (no muy dilatado) con Dios con la idea de tratar bien este asunto y, por último, pasar por alto la herida sin rencor ni amargura. Existe una cuarta opción que implica la posibilidad de incluir a un consejero o árbitro que ayude a ambas partes a entender la dinámica interna en la respuesta de ambos y los ayude a usar el evangelio para la resolución del conflicto.

PREGUNTA

Tal y como enseña Santiago 4:1, el problema de lo que deseamos no los deseos en sí, sino cuando estos este se transforman en pasiones y nos dominan, **¿cuál crees que son las causas y cómo explicarías el proceso que provoca esta mutación?**

El siguiente gráfico resume de forma sencilla el proceso de cómo un deseo lícito puede llegar a transformarse en un deseo pecaminoso idolátrico y desordenado.

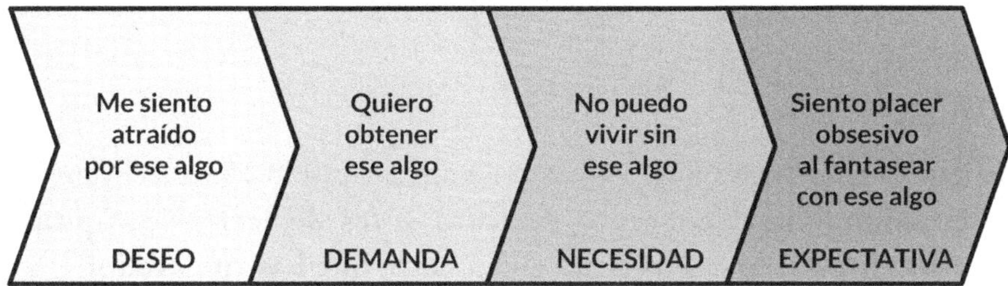

PREGUNTA

¿Por qué es tan importante entender el concepto de idolatría y luchar contra ella? ¿Cómo ayudarías a una persona a lidiar correctamente con un problema de adicción a los juegos, lujuria, éxito ministerial, reconocimiento, temor al hombre, etc.?

Para lidiar correctamente con la idolatría es necesario identificar y desmantelar los ídolos del corazón. Cada vez que nos entregamos a un deseo que muta a idolatría, debemos analizar qué es lo que ese ídolo nos prometía proporcionar y la realidad que no ha podido cumplir. El siguiente gráfico ilustra los dos caminos a los que arribamos en este proceso.

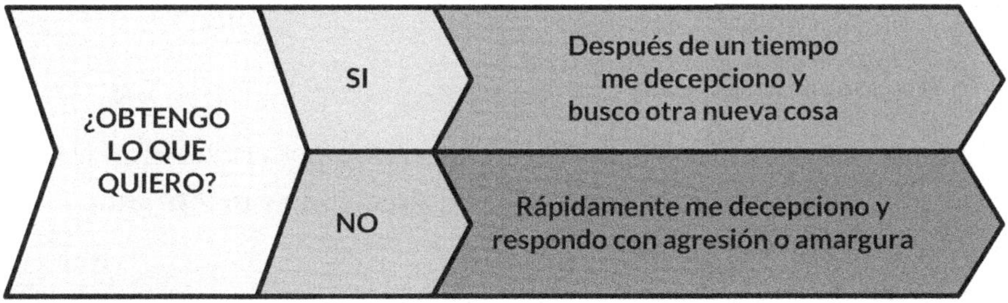

PREGUNTA

Según lo que el autor desarrolla respecto a la idolatría, **¿qué dos cosas ocurren cuando caemos en ella?**

La idolatría es el resultado de:

1. Haberme dejado convencer de que hay algo creado que me puede dar verdadera vida.
2. Haberme dejado convencer de que yo tengo la sabiduría y capacidad de escoger mejor que Dios.

PREGUNTA

Teniendo en cuenta lo que Juan expresa en el capítulo 15 de su evangelio, **¿cómo entendías el concepto de fruto antes de leer este capítulo? ¿Cómo definirías lo que es fruto en base a lo que has aprendido?**

Recuerda que, para Juan, fruto es todo aquello que hago "conectado" al amor de Cristo, y no tanto aquellas cosas buenas que hacemos para Dios y que son religiosas.

PREGUNTA

¿Por qué es esencial dejar de tratar de ser "una buena persona" para poder realmente cambiar? ¿De qué forma muchas iglesias enfatizan la necesidad de trabajar en la bondad?

Es relativamente sencillo creer en el evangelio, pero vivir por medio del legalismo. Esto se percibe de forma muy clara en cómo se predica o enseña. Si el énfasis está en el hacer, entonces el enfoque está en trabajar en la bondad. Si el énfasis está en el ser, y como consecuencia de este, hacer, entonces el enfoque está en el evangelio.

PREGUNTA

Si hoy necesito la misma cantidad de perdón y poder que el día de mi conversión, **¿cómo puedo evaluar si estoy creciendo y madurando en mi relación con Dios?**

Algunos textos bíblicos que alientan y ayudan mucho a entender esta dinámica de la santificación son Romanos 7:7-25 y 1 Timoteo 1:12-17. En ambos textos Pablo en su madurez expresa la realidad de que sigue siendo una persona necesitada de perdón y poder (a pesar de su autoridad al haber sido llamado por el Padre como apóstol de Jesucristo). Por lo tanto, una evidencia de madurez y avance en la fe es que soy capaz de ver cada vez más quién realmente soy: una persona necesitada de gracia y receptora del amor de Dios.

PREPARACIÓN

Antes de transitar a la siguiente sección es un buen momento para resolver dudas. Da la posibilidad de que aquellos que han comprendido los conceptos clave, tengan la oportunidad de mejorar la forma de explicarlos a los que aún tienen dificultad para asimilarlos. Si hay tiempo, invita a que algunas personas puedan compartir, de forma resumida, aquellas cosas que más les han impactado de la lectura del capítulo.

Aplica

PREPARACIÓN

En esta sección se plantean aplicaciones prácticas de lo aprendido con la idea de que los participantes puedan pensar en cómo vivir los conceptos sobre los que se han estado charlando. Como facilitador de grupo, comprométete a ser vulnerable con el resto y comparte de forma práctica cómo luchas tú con las ideas que se han estado tratando en este capítulo.

PREGUNTA

En tu caso personal, **¿qué cosas son las que más te tientan a elevar un deseo a la categoría de "salvador" en tu vida? ¿Por qué crees que te sientes tan inclinado a esto?**

PREGUNTA

¿Qué sueles hacer después de caer en un pecado "escandaloso" que te genera desánimo y decepción?

PREGUNTA

¿Cómo puedes poner en práctica la frase de Jesús "permaneced en mí"?

PREGUNTA

Trata de responder con el mayor nivel de sinceridad a la siguiente pregunta: **¿Qué nivel de disfrute del evangelio tienes ahora mismo y por qué te has evaluado así?**

Ora

Pero Dios demuestra su amor para con nosotros,
en que siendo aún pecadores, Cristo murió por nosotros
Romanos 5:8

ORACIÓN

Señor, miro a mi alrededor y veo la gran cantidad de cosas materiales que me has regalado. La vida misma y la capacidad de disfrutar de todo lo que viene de tu mano son una expresión de tu carácter como Padre que me ama. Aun así, también soy consciente de lo fácil que me resulta transformar un don que viene de tu mano en mi máximo disfrute. Sí, cuando dudo de tu bondad me dejo seducir por las promesas de vida de un cuerpo atractivo, un automóvil, una casa, el reconocimiento, el éxito, e incluso mi desempeño espiritual... Tengo un corazón mixto que no puede amarte como mereces y me duele. Pero te doy gracias porque tu verdad no solo me confronta, sino que me da esperanza. Conoces mi debilidad, y sabes que mi mayor necesidad es encontrar en ti mi tesoro. Ayúdame a verte; ayúdame a que seas el diamante que me deslumbra y me cautiva con tu belleza. Quiero desearte más que a ninguna cosa, por eso confío en que siempre estás trabajando para sanar mi ceguera. No dejes que me aparte de esta sana lucha; hazme confiar en tus fuerzas y no en las mías. Gracias por tu fidelidad en Jesús, amén.

Trabaja

- Pregúntate: **¿Estoy disfrutando del evangelio hoy?**
- Memoriza Romanos 5:8 y medita en él durante la semana.
- Lee detenidamente el capítulo 7 del libro *Cambios Profundos*.
- Reflexiona y responde a las siguientes preguntas:
    - ¿Qué cosas has vuelto a descubrir o redescubrir con asombro últimamente?
    - ¿Cuál crees que fue la causa o las causas que te impulsaron al asombro?

CAPÍTULO 7

Cuando descubro la belleza de la Cruz de Cristo

Introducción

En esta sesión abordaremos el segundo aspecto más importante del evangelio: descubrir (o redescubrir) el valor de la obra de Jesús. También veremos cómo el asombro es el elemento sensibilizador del corazón que permite experimentar las realidades y beneficios de la cruz.

Toma un par de minutos para comenzar orando. Pide a Dios que use, tanto este tiempo, como las conversaciones, para escuchar lo que Él os quiera enseñar.

Conceptos

Para experimentar un cambio profundo ***necesito recuperar mi asombro por el evangelio*** al ver las siguientes dos grandes realidades:

- ***Yo soy un gran pecador*** que se ama a sí mismo más que a Dios, y, además, se entrega a ofertas que no solo no sacian, sino que también me hacen esclavo de ellas.
- ***Dios es un gran salvador*** que por medio de su asombrosa gracia me sigue amando y liberando a pesar de mi idolatría.

Una clave para recuperar mi asombro por el evangelio es ***meditar en la herencia que Jesús ganó para mí***: Dios me perdona y me ha hecho su hijo; por eso SIEMPRE me ama y me trata como si fuera ¡Jesús mismo!

Conecta

PREPARACIÓN

La siguiente introducción tiene la finalidad de preparar el diálogo sobre las ideas principales del capítulo facilitando la participación de todos los inte-

grantes del grupo. Ayuda a que los participantes no acaparen demasiado tiempo y guíalos para que logren expresarse claramente.

CONECTANDO

¿Te has dado cuenta de que hay niños que son muy complicados a la hora de las comidas? Quizás es por una cuestión que está relacionada con el color, la forma, la textura, el olor o incluso el sabor de los alimentos. Pero la realidad es que muchos padres (y abuelos) sufren diariamente tratando de convencer a estos pequeños de las bondades y beneficios que esas comidas tienen para ellos. Las técnicas que usualmente se suelen utilizar para persuadir esta resistencia infantil son: el soborno (obedecer por el premio), el castigo (obedecer por miedo a las consecuencias) o incluso la manipulación emocional (obedecer por no sentirse mal).

Confieso que yo era uno de esos niños. Desde muy pequeño siempre tuve una sensibilidad muy especial a los olores. Es por eso por lo que, entre varios, el alimento que menos podía tolerar cerca de mí era el queso curado de oveja ¡no podía aguantar su fuerte olor! (Curiosamente el favorito de mi hermana).

Así que lo creas o no, fue necesario que pasaran muchos años para descubrir el increíble sabor de un manjar tan exquisito como es el queso curado de oveja (que por cierto ahora es uno de mis favoritos).

Ahora bien, ¿qué ocurrió dentro de mí? ¿Qué ocurre dentro de una persona para encontrar deleite en algo que a priori no es atractivo? La clave es descubrir con asombro "el sabor" de ese alimento. Es desarrollar un nuevo paladar para degustar todos los matices de esa comida y llegar a experimentar placer en su sabor.

Y aunque lo anterior es un ejemplo enfocado en la comida, en verdad los seres humanos tendemos a caer en una insana familiaridad, que también afecta a nuestra experiencia con Jesucristo.

PREGUNTA

Como acabamos de decir, constantemente vivimos sin percibir el valor de muchas cosas que nos rodean, **¿qué cosas has vuelto a descubrir o redescubrir con asombro últimamente?**

PREGUNTA

Considerando tus respuestas anteriores, **¿cuál crees que fue la causa o las causas que te impulsaron al asombro?**

Dialoga

PREPARACIÓN

Las preguntas que se proponen a continuación buscan conversar la necesidad y forma de recuperar la experiencia de asombro en Jesús. Usa este espacio para resolver las dudas en comunidad y alentar a que también sean otros los que respondan. Procura mantener el enfoque en los conceptos claves de este capítulo, pudiendo añadir también preguntas adicionales que se mantengan alineadas con el tema.

PREGUNTA

El autor comienza este capítulo enfatizando la necesidad de "ver" como un paso imprescindible para el cambio verdadero, **¿cómo le explicarías a un no creyente de forma sencilla este concepto? ¿Qué ejemplos bíblicos usarías para ilustrarlo?**

Hay personas que se acercan a la fe cristiana porque tienen la necesidad de encontrar respuestas al origen del ser humano, la creación y el sentido de ambos asuntos. Y aunque la Biblia da respuestas a estos temas, el cambio interno es un acto sobrenatural y difícil de explicar. Por esta causa, creo que es muy relevante tener recursos que permitan ilustrar de forma sencilla cómo se efectúa la conversión o en su defecto la "reconversión" del corazón humano.

Algunos ejemplos bíblicos del concepto "ver" (en el sentido de asombrar) están presentes en los siguientes pasajes: Éxodo 3:6; Jueces 13:22; Isaías 6:5; Lucas 5:8; Lucas 8:28; Lucas 8:47; Lucas 17:15...

PREGUNTA

Si la clave es (re)asombrarnos de Jesús y su obra, **¿de qué forma ver su belleza nos cambia en base a lo aprendido en este capítulo?**

El siguiente gráfico muestra de forma muy sencilla cómo se produce el proceso que permite recobrar la belleza y valor del evangelio. Si estudiamos este proceso a lo largo de toda la Biblia descubriremos que es imprescindible descubrir y reconocer nuestro "desastre interno" antes de poder "ver" a Jesús como un tesoro y nuestra única alternativa de salvación.

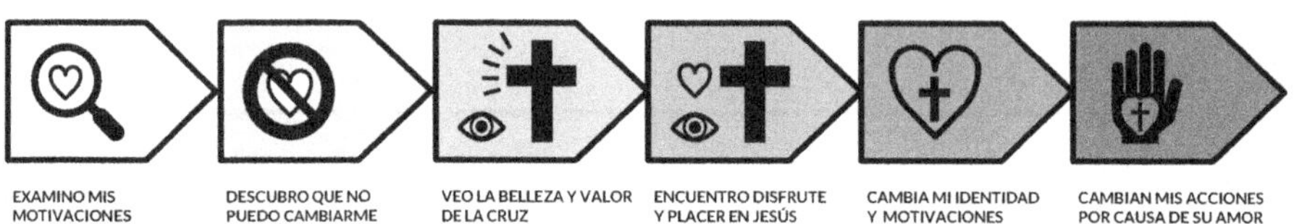

PREGUNTA

El autor, después de la historia de la mujer de Kenia, hace la siguiente afirmación: "*Hasta que no veas que odias a Dios, no podrás amarlo*". Pareciendo esta una afirmación contradictoria, **¿qué es lo que está tratando de comunicar y por qué es tan importante?**

PREGUNTA

¿Cuál dirías que es el mayor y más prioritario deber de todo cristiano y por qué?

Usualmente se suele pensar en la obediencia a Dios por amor, pero como hemos desarrollado en capítulos anteriores, el amor es una respuesta al amor que Dios nos tiene en Cristo. Por lo tanto, sin priorizar la experiencia del disfrute del amor de Dios es imposible que podemos amarlo de forma sincera. Tal y como Juan expresa en su primera epístola "Nosotros amamos, porque Él nos amó primero" (1 Juan 4:19).

PREGUNTA

¿Por qué son tan importantes los mandamientos, y cuál es la función de estos según Juan 15?

Dios no necesita nuestra obediencia, pero nosotros sí la necesitamos para poder percibir su asombroso amor. Los mandamientos no solo son límites para protegernos del pecado, sino principalmente son medios para que no nos separemos de Dios. Es muy llamativo que los 10 mandamientos fueron entregados al pueblo de Israel en un contexto de adoración y gratitud por causa del rescate que Dios llevó a cabo tras un periodo de opresión por parte de los egipcios de 430 años.

PREGUNTA

Si Dios me ama como a su propio Hijo, y he recibido una herencia que no he ganado por mí mismo, **¿cómo se relaciona esta promesa Bíblica con mi responsabilidad en el proceso de ser cada vez más como Jesús (mi santificación)?**

PREPARACIÓN

Antes de transitar a la siguiente sección es un buen momento para resolver dudas. Da la posibilidad de que aquellos que han comprendido los conceptos clave, tengan la oportunidad de mejorar la forma de explicarlos a los que aún tienen dificultad para asimilarlos. Si hay tiempo, invita a que algunas personas puedan compartir, de forma resumida, aquellas cosas que más les han impactado de la lectura del capítulo.

Aplica

PREPARACIÓN

En esta sección se plantean aplicaciones prácticas de lo aprendido con la idea de que los participantes puedan pensar en cómo vivir los conceptos sobre los que se han estado charlando. Como facilitador de grupo, comprométete a ser vulnerable con el resto y comparte de forma práctica cómo luchas tú con las ideas que se han estado tratando en este capítulo.

PREGUNTA

En Juan 3:3 Jesús expresa: "*...en verdad, en verdad te digo que el que no nace de nuevo* ***no puede ver*** *el reino de Dios*". Jesús asume que ver a Jesús –y, por ende, experimentar asombro por él– está precedido por la conversión. Por otro lado, todos necesitamos redescubrir, una y otra vez, la belleza de la cruz (2 Corintios 3:18). **¿Cómo fue tu experiencia de conversión y de qué forma encontraste precioso a Jesús?**

Invita a que algunos de los participantes compartan de forma resumida cómo fue su conversión y que cosas comenzaron a cambiar. El impacto del evangelio en otros, y la sinceridad de las luchas a pesar de amar a Jesús, alienta mucho a los que sienten que solo ellos tienen altibajos o están desmotivados.

PREGUNTA

¿De qué manera práctica te ha ayudado este capítulo a recuperar (o a desear recuperar nuevamente) tu asombro por el evangelio?

Hay luchas privadas que son un lastre para muchas personas creyentes. Se avergüenzan de ellas y las esconden. Sólo el asombro de la cruz y el amor que Dios nos está derramando ahora, tienen el poder de sacarlas a la luz, generar verdadero arrepentimiento y un perdón profundo que nos transforma.

PREGUNTA

¿De qué formas concretas hoy te sientes amado por, y agradecido a Dios?

Invita a cada persona a que tome un minuto y confeccione un breve listado de tres o cuatro cosas. Después permite que las compartan con el resto.

Ora

Pues el Padre ama al Hijo, y le muestra todo lo que Él mismo hace; y obras mayores que estas le mostrará, para que os admiréis.
Juan 5:20

ORACIÓN

Señor, sé que la mayor lucha que he de enfrentar cada mañana es mi incapacidad de poder ver tu belleza y asombrarme. Mis labios pueden pronunciar bonitas palabras hacia tu persona, pero mi corazón necesita tu intervención para poder ver que, tú, y solo tú, eres mi salvación; mi justicia; y mi paz. Te pido perdón por mi inconsistencia, porque digo amarte, pero mi realidad muestra que hay huecos en mi corazón para otros competidores. Que tus palabras me alumbren para sentir una necesidad desesperada por ti; y tu amor expulse todo falso tesoro. Gracias porque la esperanza viene de ti, está en ti y depende solo de tu asombroso amor derramado por mí en la cruz. En el nombre de Jesús, amén.

Trabaja

- Pregúntate: **¿Cómo estoy disfrutando del evangelio hoy?**
- Memoriza Juan 5:2 y medita en él durante la semana.
- Lee detenidamente el capítulo 8 del libro *Cambios Profundos.*
- Reflexiona y responde a las siguientes preguntas:
  - ¿Qué cosas consideras que se te dan bien y las sientes como fortalezas?
  - ¿Cómo reaccionas cuando sientes que has fracasado en tus áreas de fortaleza?

TERCERA PARTE

¿Cuáles son los resultados de un cambio profundo?

CAPÍTULO 8

Una nueva identidad

Introducción

En esta sesión vamos a explorar cómo el evangelio nos ofrece una nueva identidad como seres humanos cuyo valor está vinculado a Jesús y no a nuestros éxitos y/o fracasos.

Toma un par de minutos para comenzar orando. Pide a Dios que use, tanto este tiempo, como las conversaciones, para escuchar lo que Él os quiera enseñar.

Conceptos

Todos estamos tratando de justificar nuestro valor ***forjando una identidad***:

- Basada en lo que *somos, hacemos o tenemos*.
- Basada en la *afirmación y la valoración que otros hacen* de nosotros.

¿Cuál es el resultado? Terminamos adictos a la creación, esclavos de la opinión de otros y con el corazón vacío.

Todos necesitamos ***recuperar el asombro de haber sido justificados en Cristo*** porque:

- Nuestra identidad está *fundamentada en el evangelio*: ¡ahora somos hijos de Dios!
- Nuestro pecado no nos define, de forma que *debemos pensar menos en nosotros y más en lo que Cristo ha hecho* por nosotros.

¿Cuál es el resultado? Somos liberados poco a poco de la adicción a lo creado para poder disfrutar de ella, libres de la opinión de otros, pero capaces de agradar o confrontar en amor, con un corazón satisfecho en Cristo porque ¡él es suficiente y nos da valor!

Conecta

PREPARACIÓN

La siguiente introducción tiene la finalidad de preparar el diálogo sobre las ideas principales del capítulo facilitando la participación de todos los integrantes del grupo. Ayuda a que los participantes no acaparen demasiado tiempo y guíalos para que logren expresarse claramente.

CONECTANDO

Tengo un hijo adolescente nacido en plena era de la fotografía digital. Así que, como buen padre de este siglo tecnológico, también soy propietario de una unidad externa donde se pueden contar por miles las fotografías y los vídeos de él desde su nacimiento.

Algo que mi esposa y yo disfrutamos mucho es volver a remirar nuestro pasado digitalizado. En especial nos encantan aquellos en los que Ismael era un pequeñajo inquieto que no paraba de hablar. Y es que, podemos pasar horas y horas rememorando cada segundo frente a la pantalla, sin poder evitar que nos envuelva un sentido de ternura y añoranza cuando escuchamos su peculiar tono de voz y sus espontáneas expresiones al tratar de explicar las cosas.

Pero Ismael no piensa de la misma forma. No soporta ver las fotografías y vídeos de cuando era un bebé. Además, odia especialmente aquellas donde aparece semidesnudo. Siente una gran vergüenza cuando se ve o se escucha hablar en los vídeos, y no entiende cómo sus padres pueden torturarse (y torturarlo) durante horas con tan inútil actividad.

En una ocasión me hizo prometer que nunca enseñaría ese material "reservado" a nadie; también me obligó a asegurarle que jamás me dirigiese a él ante sus compañeros de clase en un tono cariñoso o afectivo rememorando alguno de los momentos de su niñez (por supuesto le prometí no hacerlo).

¿Por qué le ocurre esto a mi hijo? Obviamente hay varios factores, pero en su caso es por vergüenza. Su identidad como persona está muy vinculada a la imagen que los demás puedan llegar a tener de él. Por eso (como para la mayoría de adolescentes) es muy importante que los demás lo consideren una persona "adulta e independiente". Así que, los recuerdos de su niñez son una afrenta que minimiza lo que trata de proyectar hacia los demás para ser aceptado y amado.

¿Y nosotros? Quizás ya dejamos la adolescencia, pero todos sufrimos del mismo problema a pesar de ser cristianos. Tal vez nuestra lucha con la identidad sea en otras áreas o tal vez está oculta bajo otras cosas superficiales que no nos permiten percibir el problema de fondo.

PREGUNTA

Dios nos ha dotado a todos de una o varias destrezas naturales. Hay cosas que se nos dan bien de forma innata y otras en las que no nos desenvolvemos con tanta soltura. Aunque esto pueda deberse a diversos motivos (falta de motivación, falta de disciplina, falta de confianza o miedo, etc.), es muy normal que existan esas cosas sobre las que destacamos por que se nos dan mejor o nos gustan.

En tu caso particular, y sin caer en una actitud arrogante **¿qué cosas consideras que se te dan bien y las sientes como fortalezas?**

PREGUNTA

Teniendo en mente tu respuesta anterior **¿cómo reaccionas cuando sientes que has fracasado en tus áreas de fortaleza? ¿Qué sueles sentir cuando alguien es mejor que tú en tu área de fortaleza? ¿Y si esa persona es reconocida y valorada habiendo hecho el mismo trabajo que tú?**

Dialoga

PREPARACIÓN

Las preguntas que se ofrecen van a ayudar a establecer conversaciones sobre la identidad y cómo el evangelio nos redime de la pesada tarea de tratar de construirla por nosotros mismos. Usa este espacio para resolver las dudas en comunidad y alentar a que también sean otros los que respondan. Procura mantener el enfoque en los conceptos claves de este capítulo, pudiendo añadir también preguntas adicionales que se mantengan alineadas con el tema.

PREGUNTA

El autor utiliza el ejemplo de Ananías y Safira del capítulo 5 del libro de Hechos para ilustrar cómo la "cultura" que nos rodea determina en gran manera aquellas cosas que consideramos aceptables y valiosas. En tu contexto cristiano **¿qué cosas son las que se consideran más valiosas y deseables para un creyente? ¿Por qué causa crees que es así?**

Tal y como se desarrolla en el capítulo, en el contexto cristiano se da exactamente la misma dinámica a la hora de justificar nuestro valor que en uno ateo. Las respuestas van a variar dependiendo de la cultura de cada iglesia u organización para eclesial. Por ejemplo, en un entorno más carismático serán más valiosas las manifestaciones sobrenaturales; sin embargo, en un contexto más conservador, el énfasis estará en el conocimiento teológico.

Para ambos casos, habría que hacerse las siguientes preguntas: ¿por qué son tan valiosas estas cosas para mí? ¿Qué trato de demostrar con ellas a los demás?

PREGUNTA

En el capítulo se hace referencia a la siguiente frase de Tim Keller: "*una identidad que se basa independientemente en tus propios sentimientos internos es imposible*"[13]. **¿Qué quiere comunicar Keller con su afirmación? ¿Qué implicaciones tiene dicha afirmación respecto a las personas que aseguran que viven libres de los demás?**

Usualmente las personas que no son creyentes arguyen que tienen más libertad que los cristianos porque viven como quieren. Aunque esta afirmación parece cierta en realidad no lo es. Toda persona que afirma que vive totalmente libre de la opinión de los demás no es capaz de ver que en realidad está más condicionada y atada al estándar que el mundo –y en concreto, su cultura circundante– le impone cada día.

PREGUNTA

¿Está mal querer mostrar a los demás que tengo valor? ¿Por qué crees que necesitamos hacer esto?

[13] Ibid. Pág. 154..

Fuimos creados para sentirnos, en primer lugar, valorados por Dios. Dios completó el sentido de valor en el ser humano dentro del contexto de una relación íntima. El pecado quebró ese vínculo y dejó al hombre ocupado en una tarea imposible para sí mismo. Como decía Agustín con una expresión muy conocida: "Nos has hecho, Señor, para ti y nuestro corazón está inquieto hasta que descanse en ti"14.

PREGUNTA

¿Qué relación existe entre nuestro intento de justificar que somos valiosos y nuestra felicidad?

Todos buscamos ser aceptados y valorados por los demás, porque eso nos proporciona en última instancia felicidad y "plenitud".

PREGUNTA

¿Cómo podemos detectar que estamos tratando de forjar una identidad por medio de la aprobación de otros?

Un elemento tremendamente revelador es observar nuestra respuesta ante el derrumbe de las expectativas de nuestros planes. Por ejemplo, me preparo para el ministerio porque deseo servir en una iglesia, pero después de mucho tiempo orando y esforzándome, veo que no ocurre y me siento fracasado; dudo de mi llamado y siento desánimo ¿Por qué? Porque aún sigo vinculado a que mi valía depende de lo que soy y lo que hago; no descanso en lo que Dios piensa y quiere hacer en mí y a través de mí.

PREGUNTA

En base a lo aprendido en este capítulo, **¿cómo ayudarías a una persona con "baja autoestima" a construir una identidad cristocéntrica?**

Recuerda que la clave, según expresa Pablo en 1 Corintios 4:3,4, no es pensar mal de uno mismo, sino pensar menos en uno mismo; es pensar más en la obra de redención que

[14] Frase adaptada de Agustín de Hipona, Confesiones, libro 1, capítulo 1.

Cristo llevó a cabo. Por medio de ella, nuestra identidad no depende de lo que somos o lo que hacemos (sea bueno o malo), sino únicamente de él.

También considera que la transformación de una identidad basada en la gracia y el evangelio es un proceso largo y lento del que la Biblia da testimonio por medio de las vidas de personajes como Pedro, Pablo, Moisés, etc.

PREPARACIÓN

Antes de transitar a la siguiente sección es un buen momento para resolver dudas. Da la posibilidad de que aquellos que han comprendido los conceptos clave, tengan la oportunidad de mejorar la forma de explicarlos a los que aún tienen dificultad para asimilarlos. Si hay tiempo, invita a que algunas personas puedan compartir, de forma resumida, aquellas cosas que más les han impactado de la lectura del capítulo.

Aplica

PREPARACIÓN

En esta sección se plantean aplicaciones prácticas de lo aprendido con la idea de que los participantes puedan pensar en cómo vivir los conceptos sobre los que se han estado charlando. Como facilitador de grupo, comprométete a ser vulnerable con el resto y comparte de forma práctica cómo luchas tú con las ideas que se han estado tratando en este capítulo.

PREGUNTA

Después de la lectura de este capítulo **¿en qué áreas concretas de tu vida has descubierto que buscas sentirte importante o valioso? ¿Cuáles crees que son las causas de lo anterior en tu caso particular?**

PREGUNTA

¿De qué manera permites que la "cultura cercana" afecte a tu sentido de valor? ¿Qué suele ocurrir a medio/corto plazo cuando dejas que esta defina quién eres?

PREGUNTA

¿De qué formas prácticas cultivas una identidad fundamentada en Jesús? ¿Qué has aprendido o recordado que deseas comenzar a incorporar a lo anterior?

Ora

Si habéis, pues, resucitado con Cristo, buscad las cosas de arriba, donde está Cristo sentado a la diestra de Dios. Poned la mira en las cosas de arriba, no en las de la tierra. Porque habéis muerto, y vuestra vida está escondida con Cristo en Dios.
Colosenses 3:1,2

ORACIÓN

Señor, si observo con detenimiento mi vida puedo ver claramente que aún me importa demasiado la opinión de otros. Cuando alguien trata de corregirme, desvarío entre la vergüenza por haber fallado, y el orgullo porque me siento ofendido. Ayúdame a percibir con intensidad que, si estoy en Cristo, ya no importa no solo lo que los demás piensen de mí, sino también lo que yo piense de mí mismo. Líbrame del perfeccionismo y del desánimo egocéntrico. Dame la libertad de tu amor, donde, a pesar de que aún no soy lo que seré, tú ya me ves como ves a Jesús, amén.

Trabaja

- Pregúntate: **¿Está mi identidad descansando en Cristo hoy?**
- Memoriza Colosenses 3:1,2 y medita en él durante la semana.
- Lee detenidamente el capítulo 9 del libro *Cambios Profundos.*
- Reflexiona y responde a las siguientes preguntas:
    - En tu listado de cosas que te apasionan, ¿cuáles ocuparían las primeras posiciones y por qué?
    - ¿Qué sueles hacer normalmente para obtener o disfrutar de esas cosas?

CAPÍTULO 9

Un nuevo propósito de vida

Introducción

Hoy estaremos tratando el concepto teológico de lo que es glorificar a Dios y cómo este se relaciona íntimamente con lo que disfrutamos. También exploraremos cómo glorificar a Dios no solo es el objetivo de la vida cristiana, sino también la motivación y el medio para vivir esta.

Toma un par de minutos para comenzar orando. Pide a Dios que use, tanto este tiempo, como las conversaciones, para escuchar lo que Él os quiera enseñar.

Conceptos

Glorificar a Dios es *apreciar su belleza y amar sus virtudes*, de manera que de forma paulatina crecemos en el disfrute de todo lo que es Él y en todo lo que ha hecho en Cristo por nosotros.

Glorificar a Dios es *la consecuencia* de haber tenido un encuentro personal con Él por medio del evangelio donde:

- Vemos a Dios más valioso y atractivo que a cualquier otra cosa.
- Experimentamos a Dios más placentero que a cualquier otra cosa.
- Vivimos impresionados por Dios más que por cualquier otra cosa.

Glorificar a Dios de forma genuina implica:

- Vivir llenos del Espíritu de Cristo.
- Vivir que Cristo es suficiente.
- Vivir con entusiasmo el deseo de que otros perciban lo que yo estoy experimentando con Cristo.

Conecta

PREPARACIÓN

La siguiente introducción tiene la finalidad de preparar el diálogo sobre las ideas principales del capítulo facilitando la participación de todos los integrantes del grupo. Ayuda a que los participantes no acaparen demasiado tiempo y guíalos para que logren expresarse claramente.

CONECTANDO

Nuestro tiempo libre y vacaciones son espacios donde, si observamos bien, podremos obtener mucha información acerca de nosotros mismos. Y es que, cuando no estamos presionados por las responsabilidades o las circunstancias, nuestro corazón tiende a buscar los medios necesarios que le permitan alcanzar lo que considera atractivo y valioso.

Veamos esto de forma práctica. ¿Por qué un adolescente se esfuerza en estudiar matemáticas y física? Como padres nos gustaría que su respuesta fuera la siguiente: "papá y mamá, estudio ambas materias porque como hijo es mi responsabilidad superarlas, me ayudan a cultivar un carácter disciplinado, y, además, me preparan para poder optar a un puesto de trabajo". Seamos sinceros, es casi imposible que un adolescente responda así. Normalmente, detrás de la acción de estudiar habrá motivos muy dispares: disfrutar de las vacaciones y el ocio, los elogios de los compañeros y/o padres, un afán de autosuperación que busca sentirse valioso o simplemente recibir la gratificación prometida a principio de curso.

Nadie puede vivir sin tener un objetivo de vida, sea o no consciente de ello. De hecho, las personas que viven sin un propósito (aunque este sea material y limitado) acaban desesperados, hastiados y con sentimientos suicidas.

¿Cómo puedo determinar mi objetivo de vida? Una forma sencilla de comenzar a descubrirlo es observando que cosas son las que más me apasionan.

PREGUNTA

En tu listado de cosas que te apasionan, **¿cuáles ocuparían las primeras posiciones y por qué?**

Tal y como este capítulo desarrolla, glorificamos todo aquello que nos apasiona. Por eso observar y analizar con ayuda del Espíritu Santo las cosas que nos apasionan, y en qué grado lo hacen, nos ayuda a determinar para qué gloria vivimos.

PREGUNTA

Teniendo en mente algunas de las anteriores respuestas, **¿qué sueles hacer normalmente para obtener o disfrutar de esas cosas?**

Otro buen indicador para descubrir cuanto glorificamos algo es determinar qué y cuánto hacemos para disfrutar de esa cosa. A mayor glorificación, mayor inversión de tiempo, dinero, esfuerzo, etc.

Dialoga

PREPARACIÓN

Las preguntas que se ofrecen van a ayudar a establecer conversaciones sobre cómo recuperar el verdadero objetivo de vida que se enfoca en Jesús. Usa este espacio para resolver las dudas en comunidad y alentar a que también sean otros los que respondan. Procura mantener el enfoque en los conceptos claves de este capítulo, pudiendo añadir también preguntas adicionales que se mantengan alineadas con el tema.

PREGUNTA

Los cristianos solemos utilizar mucho el concepto de la gloria de Dios, pero nos cuesta definirlo de forma sencilla, **¿cómo explicarías el sentido de este con tus propias palabras?**

Desafía a los participantes a que busquen una ilustración que complemente sus afirmaciones.

PREGUNTA

Considerando el contexto de la enseñanza en la iglesia, **¿cuál es la definición más común que se usa para describir "glorificar a Dios"? ¿Qué nivel de importancia tiene entender bien este aspecto, y por qué?**

PREGUNTA

¿Es posible vivir para la gloria de Dios sin haber visto la gloria de Dios?

Justifica tu respuesta.

Esta pregunta puede ayudar a reforzar el concepto bíblico de la gloria de Dios. Si la definición se enfoca en vivir haciendo cosas que "agradan" a Dios, entonces la respuesta es sí. En este caso la persona no está viviendo para la gloria de Dios realmente (es muy probable que haciendo cosas para "glorificar a Dios" pero en realidad está buscando su propia gloria). Vivir para la gloria de Dios es la consecuencia de haber visto y experimentado la gloria de Dios en la Cruz por medio del evangelio.

PREGUNTA

¿Qué quiere decir, "la gloria de Dios es el medio, el objetivo y el propósito de la vida cristiana"?

PREGUNTA

El autor comparte la siguiente frase: "*Dios solo se impresiona con su Hijo*"[15]. **¿Qué implicaciones prácticas tiene esta afirmación con respecto al mandato de glorificar a Dios?**

PREGUNTA

¿Qué quiere decir que necesitamos "vincular nuestro gozo con que Dios obtenga gloria"[16]?

PREGUNTA

¿Cuáles son las evidencias que me ayudan a saber si estoy realmente viviendo para glorificar a Dios?

La principal tiene que ver con el estado del corazón. ¿Está mi corazón atrapado por Cristo? ¿Es su compañía y mi relación con él algo que está en el primer lugar de mi lista de tesoros? ¿Añoro y anhelo su presencia cada día? ¿Disfruto y saboreo su amistad? El resto de las cosas, como honrarlo, adorarlo, obedecerlo, evangelizar a otros, etc., son consecuencias de haber comenzado a ver la gloria de Dios en Cristo.

PREPARACIÓN

Antes de transitar a la siguiente sección es un buen momento para resolver dudas. Da la posibilidad de que aquellos que han comprendido los

[15] Ibid. p 195.
[16] Ibid. p 203.

conceptos clave, tengan la oportunidad de mejorar la forma de explicarlos a los que aún tienen dificultad para asimilarlos. Si hay tiempo, invita a que algunas personas puedan compartir, de forma resumida, aquellas cosas que más les han impactado de la lectura del capítulo.

Aplica

PREPARACIÓN

En esta sección se plantean aplicaciones prácticas de lo aprendido con la idea de que los participantes puedan pensar en cómo vivir los conceptos sobre los que se han estado charlando. Como facilitador de grupo, comprométete a ser vulnerable con el resto y comparte de forma práctica cómo luchas tú con las ideas que se han estado tratando en este capítulo.

PREGUNTA

Tras la lectura del capítulo, **¿has detectado alguna forma equivocada en la que pensabas que estabas honrando a Dios, pero no era así?** Comparte con el resto del grupo el qué en concreto y cómo te diste cuenta de que estabas equivocado.

PREGUNTA

¿Cómo evaluarías tu nivel de pasión por Jesús hoy? ¿Y por qué otros lo conozcan? ¿Qué piensas que necesitas hacer para que tu pasión por la gloria de Dios aumente de forma genuina?

Después de escuchar las respuestas de cada participante, anímalos para que hagan una lista con amigos, familiares y conocidos que aún no han descubierto a Jesús. Invítalos a que comiencen a usar los medios de gracia con un corazón que busca apasionarse por la gloria de Dios y que oren por oportunidades para poder amarlos, servirlos y compartirles el evangelio

PREGUNTA

¿Qué cosas concretas y realizables ahora podrías comenzar a incluir en tu vida para ayudar a que otras personas puedan disfrutar de la gloria de Dios?

PREGUNTA

¿Estás discipulando a alguien o estás siendo discipulado por otra persona? ¿Qué cosas prácticas estás haciendo? ¿Qué cambios estás viendo en tu vida o en la vida de la otra persona?

Ora

Pues para mí, el vivir es Cristo y el morir es ganancia.
Filipenses 1:21

ORACIÓN

Señor, dame la capacidad de evaluar mi vida y detectar que es lo que me impulsa a salir de la cama cada mañana. Sé que cada día voy a ser tentado a buscar mi objetivo de vida en el brillo de cosas que no pueden compararse contigo. Ayúdame a ver el resplandor de tu belleza en cada momento cotidiano de mi vida sin importar si duele o no. Déjame percibir tu dulzura, para que vivir para tu gloria no sea solo un mandato, sino un anhelo y deleite que le dé sentido a todo lo demás, amén.

Trabaja

- Pregúntate: **¿Para qué estoy viviendo hoy?**
- Memoriza Filipenses 1:21 y medita en él durante la semana.
- Lee detenidamente el capítulo 10 del libro *Cambios Profundos.*
- Reflexiona y responde a las siguientes preguntas:
    - ¿Qué cosas son las que más te cuesta obedecer?
    - ¿Qué motivadores son lo que normalmente te impulsan a obedecer en cosas que no quisieras hacerlo?

CAPÍTULO 10

Una nueva capacidad para obedecer

Introducción

En la sesión de hoy vamos a explorar el aspecto de la obediencia bíblica como el resultado del cambio de corazón. También veremos como la verdadera obediencia está siempre ligada al amor por algo. Los cristianos obedecen porque desean crecer en la experiencia de disfrutar a Jesús y porque son energizados por el mismo Espíritu Santo.

Toma un par de minutos para comenzar orando. Pide a Dios que use, tanto este tiempo, como las conversaciones, para escuchar lo que Él os quiera enseñar.

Conceptos

La obediencia es *el resultado* de un cambio, operado por el Espíritu Santo en nuestras motivaciones, que nos permite disfrutar del amor de Dios en Cristo.

Obedecemos porque hemos sido amados; porque deseamos permanecer en su amor; y porque anhelamos amar a quien nos ama.

Desobedecemos porque estamos insatisfechos con el amor de Dios en Cristo y buscamos llenar nuestro corazón con otra cosa. Esta es la esencia del pecado.

La clave para obedecer no está en obligarnos a cambiar nuestro comportamiento, sino en contemplar el precioso valor de Cristo.

La llenura del Espíritu Santo es la experiencia de una influencia real en todo aquello que *amamos*, que *pensamos* y como resultado, que *hacemos*; de manera que *anhelamos* la gloria de Dios, *priorizamos* el reino de Dios y *usamos* el poder de Dios para vivir nuestro día a día.

Conecta

PREPARACIÓN

La siguiente introducción tiene la finalidad de preparar el diálogo sobre las ideas principales del capítulo facilitando la participación de todos los integrantes del grupo. Ayuda a que los participantes no acaparen demasiado tiempo y guíalos para que logren expresarse claramente.

CONECTANDO

Hay una breve anécdota que ilustra muy bien cómo funciona la obediencia superficial.

En un colegio rural una maestra estaba tratando de lograr que uno de sus alumnos volviese a su pupitre para así poder continuar con la clase. Por más que esta insistía, el chico no dejaba de deambular entre las mesas y molestar a sus compañeros, mientras ignoraba las advertencias de su profesora.

Cansada de amonestarlo una y otra vez, la maestra se dirigió a él, y elevando su tono de voz espetó con seguridad —¡SIÉNTATE AHORA MISMO O TE ENVÍO A DIRECCIÓN!

El chico asustado volvió su cabeza hacia ella y mientras caminaba hacia su mesa masculló entre dientes —Yo me voy a sentar, pero por dentro aún sigo en pie y continúo hablando con mis compañeros.

Esta anécdota nos muestra justamente algo que hemos visto en los primeros capítulos: la obediencia superficial y egoísta, a pesar de ser correcta, no está en coherencia con lo que el corazón ama y desea.

¿Por qué obedece el chico de la ilustración? Porque no quiere sufrir las consecuencias de su desobediencia. Por eso hace lo que debe, pero no por causa de que ha cambiado lo que quiere.

Planteemos otro caso. Unas semanas antes de navidades unos padres conversan sobre el siguiente dilema: ¿qué regalamos a nuestro hijo que ha sido desobediente, descuidado e irresponsable con su compromiso escolar?

Por un lado, el padre está totalmente convencido de que deben disciplinarlo por su desobediencia y falta de compromiso. Por el otro, la madre trata de convencer a su marido para que ambos puedan ser un reflejo de la misericordia de Dios. Así que, finalmente deciden que van a darle lo que no merece: gracia.

La noche antes de navidad, y tras la cena, ambos llaman a su hijo. Después de explicarle lo que en realidad debía haber recibido, ponen en sus manos una gran caja envuelta en papel de regalo rojo brillante.

Con manos temblorosas el chico desgarra con rapidez el envoltorio mientras sus ojos emocionados muestran una gran expectativa. Al descubrir su contenido, el joven no puede evitar exclamar —¡No puedo creerlo! ¿De verdad es para mí? ¡Gracias, gracias, gracias! Acto seguido los padres del chico le piden a su hijo que recoja la mesa y saque la basura fuera de casa, a lo que este responde —¡Si ahora mismo! —Y además añade —¿En qué más puedo ayudar?

Hagamos la misma pregunta que antes ¿Por qué obedece el chico de esta ilustración? Porque el amor de sus padres, en contraste con su actitud, lo desarma. No obedece porque debe hacerlo; obedece porque quiere amar a quienes lo han amado primero. Así es como funciona la obediencia cristiana.

PREGUNTA

Si nos fijamos en la primera ilustración, **¿qué cosas son las que más te cuesta obedecer a ti?**

PREGUNTA

Ambos chicos obedecen por causa de una motivación muy diferente, **¿qué motivadores son los que normalmente te impulsan a obedecer en aquellas cosas que no quieres?**

Dialoga

PREPARACIÓN

Las preguntas que se ofrecen van a ayudar a establecer conversaciones sobre cómo funciona la obediencia bíblica, qué la motiva y porqué es necesaria. Usa este espacio para resolver las dudas en comunidad y alentar a que también sean otros los que respondan. Procura mantener el enfoque en los conceptos claves de este capítulo, pudiendo añadir también preguntas adicionales que se mantengan alineadas con el tema.

PREGUNTA

¿Por qué la obediencia verdadera es el resultado de disfrutar a Cristo?

PREGUNTA

Cuando el autor dice que *"la obediencia es el resultado de estar lleno y la desobediencia el resultado de estar vacío*[17]*"*, **¿qué quiere decir con esta afirmación? ¿Qué es estar lleno y que es estar vacío?**

PREGUNTA

Entendiendo correctamente cómo funciona la obediencia, **¿cuál es el criterio que necesito considerar para saber que estoy realmente obedeciendo?**

PREGUNTA

A la luz del texto de 1 Timoteo 1:5, **¿qué tres aspectos son los que han de ser transformados por el evangelio en cada uno de nosotros y por qué?**

PREGUNTA

Si la santificación es el proceso a través del cual vamos siendo cambiados, **¿cómo definirías tú el término teológico de la santificación de forma sencilla teniendo en cuenta todo lo que has aprendido en este capítulo?**

PREGUNTA

¿Por qué debería obedecer a Dios?

Sí, obedecer a Dios es un mandamiento, pero claramente vemos que obedecer a Dios, en los términos correctos, tiene implicaciones tremendamente buenas para nuestras vidas: disfrutar a Dios, cambiar para ser como Cristo, aprender a amar, disfrutar bien de lo creado, verdadera libertad y paz, etc.

PREGUNTA

¿Es necesaria la ayuda del Espíritu Santo en todas las áreas de mi vida

[17] Ibid. Pág. 200.

para poder obedecer a Dios?

Todo ser humano puede hacer cosas "espirituales". No hay que ser cristiano para orar o leer la Biblia. Lo que es sobrenatural es hacer las anteriores cosas, o cualquier otra cosa con un corazón entregado y cautivado por el amor de Jesús.

PREGUNTA

¿Cómo explicarías con tus palabras lo que es estar lleno del Espíritu Santo? ¿Qué implicaciones tiene lo anterior en nuestra vida?

Un elemento clave de la llenura del Espíritu Santo está en el cambio de enfoque. El Espíritu Santo alumbra nuestro corazón para sentir a Cristo precioso, y como resultado nuestra vida es dominada por lo que él considera valioso. Por esa causa, la persona llena del Espíritu Santo no se caracteriza por manifestaciones "milagrosas" clásicas, sino por una forma de vida que no se corresponde con su naturaleza. Por ejemplo, alguien tímido y temeroso es capaz de compartir públicamente el evangelio; alguien orgulloso es capaz de mostrar humildad en una diferencia de opinión; alguien egoísta comienza a priorizar a los demás y dar sin esperar nada a cambio; alguien controlador empieza a experimentar la libertad de la ansiedad y el disfrute de no necesitar tener todo bajo control, etc.

PREGUNTA

Si Dios enfatiza el corazón por encima de las acciones (1 Samuel 16:7); y Jesús siempre rechazó vehementemente la hipocresía de los fariseos (Mateo 23). **¿Debería entonces obedecer "hipócritamente" aunque no lo sienta o no lo disfrute?**

La obediencia no solo es un resultado, sino también un medio para permanecer en el amor que Dios nos concede en Jesús. Esta es una ilustración imperfecta pero que puede ayudar. En muchas ocasiones los deportistas de élite no sienten ganas de entrenar, pero saben que si lo hacen hay un beneficio futuro que anhelan: ganar la competición. De la misma forma, los cristianos en muchas ocasiones no sienten el deseo de obedecer a Dios porque no perciben su amor. Cuando detectan esta realidad necesitan arrepentirse, evaluar y localizar qué está ocupando el lugar de Dios y hacer lo que saben que deben hacer mientras oran pidiendo ayuda con el convencimiento de que Dios es el primer interesado en que recuperen su primer amor por Él.

PREPARACIÓN

Antes de transitar a la siguiente sección es un buen momento para resolver dudas. Da la posibilidad de que aquellos que han comprendido los conceptos clave, tengan la oportunidad de mejorar la forma de explicarlos a los que aún tienen dificultad para asimilarlos. Si hay tiempo, invita a que algunas personas puedan compartir, de forma resumida, aquellas cosas que más les han impactado de la lectura del capítulo.

Aplica

PREPARACIÓN

En esta sección se plantean aplicaciones prácticas de lo aprendido con la idea de que los participantes puedan pensar en cómo vivir los conceptos sobre los que se han estado charlando. Como facilitador de grupo, comprométete a ser vulnerable con el resto y comparte de forma práctica cómo luchas tú con las ideas que se han estado tratando en este capítulo.

PREGUNTA

¿En qué áreas has descubierto que tu obediencia a Dios era realmente superficial? ¿Cómo te diste cuenta?

Hay áreas en las que nos cuesta menos obedecer. Es especialmente en esas áreas donde es más difícil descubrir nuestras motivaciones, porque no solemos verlas como problemáticas (al fin y al cabo, estamos "cumpliendo"). Por ejemplo, si me considero una persona comprometida con la evangelización, es fácil no detenerme a evaluar cómo estoy obedeciendo el mandato de Jesús. Al ver que estoy haciendo lo que corresponde, no me detengo a evaluar el cómo lo estoy haciendo.

Para este caso concreto podría preguntarme lo siguiente, ¿cómo me siento cuando he tenido éxito y alguien recibe a Jesús? ¿Me siento alegre por Dios o por lo que yo he conseguido? ¿Cómo uso mis "éxitos" con los demás en la iglesia? Si no consigo que nadie se convierta ¿cómo se siente mi corazón con respecto a otros que sí obtienen "resultados"?

PREGUNTA

¿Qué tipo de cosas podemos hacer para "contemplar a Jesús" de forma que seamos motivados a un verdadero cambio en lo que amamos?

PREGUNTA

¿Qué cosas prácticas ha usado Dios para alentarte cuando descubres tu desobediencia otra vez?

PREGUNTA

¿Cómo animarías ahora (en contraste a como lo habrías hecho antes de leer este libro) a un cristiano que está dudando de su condición de creyente al ver su falta de obediencia?

La intención de esta pregunta es la de contrastar la forma de aconsejar previa a la lectura del capítulo, quizás clásica y legalista, con la adquirida ahora y enfocada en el evangelio y el cambio profundo del corazón.

PREGUNTA

Observando tu vida, y en especial los momentos donde te percibes lejano a Dios, **¿qué cosas suelen ser las causantes de ese estado en ti?**

Como hemos visto, el sentido de lejanía hacia Dios siempre es precedida por llenarnos de otra cosa y vaciarnos de Él.

 Ora

¡Cuán bienaventurados son los que guardan sus testimonios,
y con todo el corazón le buscan!
Salmo 119:2

ORACIÓN

Señor, me acerco a ti con el sentimiento de un niño que quiere obedecer, pero no puede. Perdona mi actitud que se resiste a obedecerte y te cambia por otras cosas; aún necesito saborear el precioso carácter de aquel que me lo pide. Tú no eres un Señor tirano, sino el poderoso dueño del universo que se hizo humilde para servirnos. Cuando siento esa actitud en Cristo por amor a mí, entonces, obedecerte se convierte en una respuesta de adoración y gratitud hacia ti. La obediencia no es algo que tu necesites, sino algo que nosotros necesitamos para poder vivir percibiendo tu amor por nosotros que es inagotable, invariable y poderoso en Jesús. ¡Que mi corazón y mis deseos sean tuyos! Amén.

Trabaja

- Pregúntate: **¿Por qué me cuesta obedecer a Dios?**
- Memoriza Salmo 119:2 y medita en él durante la semana.
- Lee detenidamente el capítulo 11 del libro *Cambios Profundos*.
- Reflexiona y responde a las siguientes preguntas:
    - ¿Cuál dirías que es el motivador principal que te ha llevado a servir a Dios y a otros?
    - ¿De qué formas distintas se suele motivar a las personas para que sirvan?

CAPÍTULO 11

Un nuevo amor para servir

Introducción

Hoy vamos a explorar el concepto de servicio genuino desde la perspectiva bíblica. Al igual que la obediencia, el servicio verdadero —a Dios y a otros— es consecuencia y resultado del amor de Dios actuando en nosotros.

Toma un par de minutos para comenzar orando. Pide a Dios que use, tanto este tiempo, como las conversaciones, para escuchar lo que Él os quiera enseñar.

Conceptos

Servir genuinamente es:

- Un *resultado* de disfrutar a Dios.
- Un *milagro* producido por la experiencia de sentir el amor desbordante de Dios que transforma lo que ama el corazón, de forma que este comienza a encontrar más placer en *"dar que en recibir"*.
- Un *poder* que se recibe por medio del Espíritu Santo, de manera que cuando nos llena podemos servir como Él espera (con Su fuerza y para Su gloria).
- Una *nueva identidad* que nos define por quienes *somos* en Cristo y no por lo que *hacemos*.

Conecta

PREPARACIÓN

La siguiente introducción tiene la finalidad de preparar el diálogo sobre las ideas principales del capítulo facilitando la participación de todos los inte-

grantes del grupo. Ayuda a que los participantes no acaparen demasiado tiempo y guíalos para que logren expresarse claramente.

Conectando

Hoy vamos a adentrarnos en el tema de este capítulo leyendo juntos las palabras que el apóstol Pablo escribió sobre Jesús a la iglesia en Filipos.

Haya, pues, en vosotros esta actitud que hubo también en Cristo Jesús, el cual, aunque existía en forma de Dios, no consideró el ser igual a Dios como algo a qué aferrarse, sino que se despojó a sí mismo tomando forma de siervo, haciéndose semejante a los hombres.
Filipenses 2:5-7

Pregunta obvia, ¿qué hace un siervo? Respuesta obvia: servir. Pero, ¿por qué Dios hecho hombre viene a la tierra en "forma de siervo"?

Antes de responder a esta pregunta, abordemos este tema desde antes del origen de la creación. ¿Qué había antes de todo? Si tu cosmovisión es atea, entonces seguramente tu respuesta sería nada (por cierto, esta afirmación acarrea otras preguntas complejas que necesitan una respuesta). Si tu cosmovisión es teísta, entonces, antes de la existencia del universo ya estaba Dios.

Ahora bien, ¿qué estaba haciendo Dios durante la eternidad pasada? Él se ha dedicado a hacer dos cosas: amar y servir. Justo estas dos actividades fueron, serán y son la dinámica interna de Dios mismo donde cada una de las tres personas de la trinidad se aman y sirven mutua y eternamente.

Por eso no podemos entender nada acerca del servicio si no meditamos sobre esta relación dinámica y eterna que se da entre las tres personas de la trinidad. Solo cuando somos invitados, por medio del evangelio, al terreno de la trinidad es entonces que podemos comenzar a disfrutar de Dios y vivir como Él lo hace: libre para amar y libre para servir.

Pero en contraste a nuestro creador estamos nosotros. Evaluemos algunas cuestiones personales respecto al servicio.

Pregunta

Mirando tu propia vida, **¿cuál dirías que es el motivador principal que te ha llevado a servir a Dios y a otros?**

La pregunta reveladora que puede ayudar mucho es ¿por qué hice lo que hice? ¿Qué estaba tratando de obtener o recibir a cambio? ¿Cómo respondí si lo obtuve? ¿A quién estoy amando realmente con mis acciones?

PREGUNTA

Considerando de forma general a la iglesia, **¿de qué formas distintas se suele motivar a las personas para que sirvan?**

La vida de Jesús en la Biblia se nos revela como una vida de servicio. Así como el maestro sirvió, sus discípulos también debían servir. Pero la realidad nos muestra que lo más común es que solo unos pocos sirven en la iglesia. Ante esta realidad, los pastores y líderes tratan de motivar a las personas para que se pongan en marcha usando métodos que normalmente se dirigen a la conducta.

Dialoga

PREPARACIÓN

Las preguntas que se ofrecen van a ayudar a establecer diálogos sobre el verdadero servicio bíblico y cómo se lleva a cabo este. Usa este espacio para resolver las dudas en comunidad y alentar a que también sean otros los que respondan. Procura mantener el enfoque en los conceptos claves de este capítulo, pudiendo añadir también preguntas adicionales que se mantengan alineadas con el tema.

PREGUNTA

¿Por qué el servicio es un valor en la vida cristiana?

El servicio, como vimos, es parte de la esencia de la dinámica interna de Dios, por eso es valioso. Pero, además, el servicio en los términos bíblicos es una evidencia del efecto del Espíritu Santo de Dios en los suyos. Finalmente amar a otros significa servirlos; es imposible separar ambas cosas (el servicio es el amor en acción).

PREGUNTA

Si Dios es un ser que siempre está plenamente satisfecho y lleva a cabo sus planes a pesar de nosotros, **¿por qué "necesita" nuestro servicio?**

Nosotros necesitamos servir, pero Dios no depende de nuestro servicio. Ahora bien, lo más asombroso es que Él nos invita a que sirvamos por medio de su poder para que experimentemos el mismo gozo y la misma libertad que Él cuando lo hace.

PREGUNTA

¿Crees que el sentido de servicio se ha distorsionado en la iglesia y el cristianismo en general? Explica el por qué. ¿En qué cosas has detectado esta realidad y cuál crees que ha sido la causa?

Desde nuestra perspectiva se ha confundido el concepto de servicio cristiano desinteresado con el de "trabajo cristiano remunerado". Se ha profesionalizado el ministerio, de forma que ahora los predicadores, conferenciantes y otros se atreven a demandar condiciones y requisitos escandalosos para ministrar.

PREGUNTA

Pensando en el concepto de amor que hemos mencionado en capítulos anteriores, **¿es posible servir genuinamente a Dios y a otros sin amor? ¿por qué?**

PREGUNTA

¿Debería servir a los demás, aunque no lo sienta? ¿si, no y por qué?

Debería servir lleno de gratitud y amor por cómo Cristo me sirve cada día. Este es el ideal, pero no siempre es así. Déjame usar una ilustración para desarrollar la idea que hay detrás de esta pregunta. ¿Deberías dejar de beber agua si no sientes sed? La respuesta es obvia. No. Sería un error porque acabarías muriendo deshidratado. De la misma forma, deberíamos servir llenos del poder y del amor de Dios, pero en muchas ocasiones tendremos que hacerlo por fe y con la convicción de que nuestro padre puede usar nuestro servicio disciplinado como un medio para reconectarnos a su amor (Juan 15:10).

PREGUNTA

¿Qué diferencias principales crees que existen entre ser un siervo y actuar como un siervo?

PREGUNTA

¿Cómo puedo detectar si mi servicio es el resultado del amor de Cristo o un medio para amarme a mí mismo?

La siguiente tabla muestra algunas evidencias que podéis utilizar para ampliar y comentar entre todo el grupo.

ESTOY SIRVIÉNDOME POR AMOR A MI MISMO CUANDO...		
ME AFECTA NO SERVIR	**NECESITO** ESTAR EN TODO	**TENGO ENVIDIA** DEL ÉXITO DE OTROS
ME DUELE QUE NO ME MENCIONEN	**ME CUESTA** DEJAR QUE ME SIRVAN	**NO DELEGO** PORQUE NO ME FIO
CRITICO DURAMENTE EL SERVICIO DE OTROS	**NO ME SACRIFICO IGUAL** EN PRIVADO QUE EN LO PÚBLICO	**SOY SELECTIVO** BUSCANDO A LOS QUE ME OFRECEN ALGO

PREGUNTA

Pensado en una persona cuyas virtudes naturales la inclinan a tener una actitud de servicio hacia los demás, **¿cómo se vería el servicio sobrenatural en ella? ¿Cómo podrías ayudar a esa persona para que pueda determinar si sirve en sus fuerzas o en las de Cristo?**

Nuevamente la clave para poder desentramar este dilema no está en mirar las acciones del servicio. Dos personas pueden servir haciendo lo mismo, pero con motivos muy diferentes. En el caso concreto de alguien que sirve por naturaleza, será necesario profundizar en la raíz del porqué hace lo que hace. Es normal que las personas con tendencia a servir luchen con una conciencia que les hace sentirse mal cuando no lo hacen porque para ellos es un valor ser reconocidos por ello (o en su defecto, también para sentirse libres de la culpa si no lo hacen). Es el estado del corazón lo que va a hacer la diferencia en el servicio: satisfecho en Cristo o buscando satisfacerse por medio del servicio.

PREPARACIÓN

Antes de transitar a la siguiente sección es un buen momento para resolver dudas. Da la posibilidad de que aquellos que han comprendido los conceptos clave, tengan la oportunidad de mejorar la forma de explicarlos a los que aún tienen dificultad para asimilarlos. Si hay tiempo, invita a que algunas personas puedan compartir, de forma resumida, aquellas cosas que más les han impactado de la lectura del capítulo.

Aplica

PREPARACIÓN

En esta sección se plantean aplicaciones prácticas de lo aprendido con la idea de que los participantes puedan pensar en cómo vivir los conceptos sobre los que se han estado charlando. Como facilitador de grupo, comprométete a ser vulnerable con el resto y comparte de forma práctica cómo luchas tú con las ideas que se han estado tratando en este capítulo.

PREGUNTA

¿De qué manera práctica y personal te ha ayudado este capítulo para empezar a servir de forma genuina?

PREGUNTA

¿Qué deberíamos hacer para ayudar a una persona que anhela crecer más en el servicio bíblico?

PREGUNTA

Pensando en tu servicio particular, **¿sirves con el mismo nivel de entusiasmo a todas las personas y en todos los contextos? ¿Cómo evaluarías tu nivel de servicio en el hogar, en el trabajo o en la iglesia? ¿Cómo lo evaluarían los demás?**

PREGUNTA

¿De qué formas concretas has estado utilizando el servicio como un medio para amarte a ti mismo?

PREGUNTA

¿Qué cosas quieres comenzar a cambiar con la ayuda de Dios para que

el servicio sea un deleite?

Ora

No ha de ser así entre vosotros, sino que el que quiera entre vosotros llegar a ser grande, será vuestro servidor, y el que quiera entre vosotros ser el primero, será vuestro siervo; así como el Hijo del Hombre no vino para ser servido, sino para servir y para dar su vida en rescate por muchos.

Mateo 20:26-28

ORACIÓN

Señor, tu grandeza no se manifestó principalmente en una manifestación de fortaleza triunfante sino en tu carácter humilde de siervo. Jamás usaste el servicio como un medio para glorificarte a ti mismo. Cuando miro mi propia vida puedo ver cuantas veces uso mis buenas obras hacia los demás como algo que me hace aceptable ante ti, merecedor de tu bondad y orgulloso ante los demás. Te agradezco que me permitas ver la oscuridad de mi corazón y tu gracia, para así volver a experimentar mi necesidad del evangelio. Lléname de tu amor para que mi servir desprendido a ti y a los demás sea una respuesta placentera. Sedúceme con la vida de Jesús. Ayúdame a dejar que tu Espíritu Santo encienda la llama de una vida que se desprende de sí misma y vive para otros; porque eso es lo que tu consideras ser grande. En el nombre de Jesús, amén.

Trabaja

- Pregúntate: **¿Qué busco cuando estoy sirviendo?**
- Memoriza Mateo 20:26-28 y medita en él durante la semana.
- Lee detenidamente el capítulo 12 del libro Cambios Profundos.
- Reflexiona y responde a las siguientes preguntas:
    - ¿De qué formas diferentes has tratado de buscar a Dios para ganar su aceptación?
    - ¿Qué resultados has obtenido cuando has buscado a Dios para ganar su aceptación?

CAPÍTULO 12

Una nueva motivación para buscar a Dios

Introducción

En esta sesión abordaremos, desde una perspectiva más profunda, cómo y por qué buscamos a Dios. Estaremos recordando como la problemática del corazón humano sigue estando presente aun cuando tratamos de relacionarnos con Él; también qué son las disciplinas espirituales y cuál es la dinámica de estas en la vida espiritual.

Toma un par de minutos para comenzar orando. Pide a Dios que use, tanto este tiempo, como las conversaciones, para escuchar lo que Él os quiera enseñar.

Conceptos

El corazón de Dios es diferente a todo lo que puedo imaginar, por eso:

- No debería olvidar que no necesito ganar su amor por mí.
- No debería olvidar que Él siempre me ama por causa de Cristo.
- No debería olvidar que lo busco por el amor que Él me tiene a mí y no por cuanto lo amo yo a Él.

El corazón del ser humano necesita:

- *Ser protegido* de todo aquello que pueda apagar su apetito por Dios.
- *Ser expuesto* a todo aquello que pueda incrementar su apetito por Dios.

El corazón del ser humano no cambia a causa de los hábitos, pero tampoco puede cambiar sin cultivar buenos hábitos. *Dios hace al ser humano responsable* para que decida qué hábitos "sembrar" en su vida:

- ***Si siembras para la carne,*** usarás incorrectamente todos los recursos que tengas para encontrar vida y satisfacción fuera de Cristo.
- ***Si siembras para el espíritu,*** usarás diligentemente todos los recursos que tengas para encontrar vida y satisfacción en Cristo.

Las disciplinas espirituales son las herramientas que Dios ha dispuesto para revelarse a sí mismo y transformar el corazón, por eso, la práctica regular y variada de las mismas, es una actividad esencial para el crecimiento espiritual.

Conecta

PREPARACIÓN

La siguiente introducción tiene la finalidad de preparar el diálogo sobre las ideas principales del capítulo facilitando la participación de todos los integrantes del grupo. Ayuda a que los participantes no acaparen demasiado tiempo y guíalos para que logren expresarse claramente.

CONECTANDO

En muchos países cada vehículo debe pasar una revisión anual obligatoria donde una entidad colaboradora del gobierno certifica si dicho transporte cumple las normativas de seguridad y mantenimiento.

Durante el proceso, un operario inspecciona de forma minuciosa los cinturones de seguridad, el sistema de limpieza del parabrisas, luces y neumáticos, e incluso hasta el estado de la mecánica y la parte baja no visible del vehículo.

Personalmente cada vez que acudo a esta revisión con mi automóvil, experimento cierto nivel de nerviosismo e inquietud. ¿Será que encontrarán algo incorrecto? ¿Tendré que volver a pasar por la experiencia de ser evaluado? En este contexto el operario tiene la autoridad y el poder para aprobar si mi vehículo es apto o no. Estoy convencido de que mi experiencia no es solo mía, porque cuando observo al resto de conductores que están esperando en la fila, percibo –en la mayoría de ellos– una sensación parecida: nerviosismo e inquietud.

Reflexionando acerca de esto, me he dado cuenta de que durante el tiempo que dura la revisión del vehículo descubro una versión de mí mismo que trata de ganarse la simpatía del operario. ¿Por qué? Porque aún dentro de mi corazón hay un mecanismo que cree en la necesidad de comprar el afecto de los demás; una convicción incorrecta que piensa que solo podemos ganar aquello que obtenemos por medio de las cosas buenas que proyectamos hacia los demás (justo así es como piensa un mercenario espiritual).

Esta realidad, que se presenta en algo tan cotidiano, no sólo sigue presente en lo más profundo de nuestros corazones, sino que incluso está en nuestras acciones más espirituales e íntimas de cercanía con Dios (Jeremías 17:9; Mateo 6:1).

PREGUNTA

Evaluando tu propia experiencia, **¿de qué formas diferentes has tratado de buscar a Dios para ganar su aceptación?**

PREGUNTA

¿Qué resultados has obtenido cuando has buscado a Dios para ganar su aceptación?

Dialoga

PREPARACIÓN

Las preguntas que se ofrecen van a ayudar a establecer diálogos sobre la búsqueda de Dios y la forma de tratar con el legalismo y/o egoísmo del corazón. Usa este espacio para resolver las dudas en comunidad y alentar a que también sean otros los que respondan. Procura mantener el enfoque en los conceptos claves de este capítulo, pudiendo añadir también preguntas adicionales que se mantengan alineadas con el tema.

PREGUNTA

Después de leer la cita de Martyn Lloyd-Jones, **¿cómo definirías con tus propias palabras el concepto de pecado?**

PREGUNTA

Al inicio del capítulo el autor enfatiza el problema latente del legalismo que sigue presente aún después de la conversión, y, además, comparte la experiencia de una conversación con un amigo donde este le expresa lo siguiente: "*Estoy aprendiendo a orar menos*"[18]. **¿A qué se refiere exactamente con esa frase? ¿Por qué llegó a esa conclusión?**

Permite que desarrollen con sus propias palabras el concepto de buscar a Dios para ganar a Dios y cómo esta idea es justamente contraria a la esencia del evangelio y la gracia.

PREGUNTA

¿Cómo podemos identificar si estamos buscando a Dios por la razón incorrecta?

Aunque es un tanto subjetivo, la forma más clarificadora de detectar esto es cuando el estado emocional del creyente es arrastrado por sus "éxitos o fracasos" espirituales.

PREGUNTA

¿Cómo definirías qué son las disciplinas espirituales y cuál es el objetivo principal de las mismas?

PREGUNTA

¿Por qué son tan importantes las disciplinas espirituales?

Como se menciona en el capítulo, todos tenemos un corazón que es influido por aquellas cosas que hacemos de forma habitual y continua.

PREGUNTA

Teniendo en cuenta que esta es una pregunta reflexiva, **¿por qué crees que Dios quiere que asumamos la responsabilidad de crear buenos hábitos que influyen en la transformación de nuestro corazón siendo nosotros tan inconstantes y torpes?**

La Biblia nos muestra una y otra vez que la forma en la que Dios cambia el corazón de los suyos no solo lleva tiempo, sino que también es un proceso donde Él involucra la voluntad de la persona y se magnifica en su debili-

[18] Ibid. Pág. 250.

dad. Aunque conoce todo de nosotros, y podría transformarnos de forma instantánea, su interés se enfoca en que crezcamos en una relación íntima y un cambio progresivo por Su gracia mientras caminamos con Él en este lado de la eternidad. Como dijo un teólogo del siglo XVI: "El molino de Dios muele lento pero seguro"[19].

PREGUNTA

¿Cómo funciona la dinámica de proteger y exponer el corazón en la vida espiritual?

La siguiente ilustración muestra de forma gráfica cómo funciona esta dinámica que forma parte del proceso de santificación y cambio.

Necesito protegerme de cualquier cosa que compita con Jesús y debilite mi disfrute de él. Por otro lado, necesito exponerme cada día a todas aquellas prácticas espirituales que Dios ha diseñado para que encuentre mi deleite y paz suprema en Jesús.

PREGUNTA

A la luz de Gálatas 6:6-10, **¿qué cosas nuevas has aprendido acerca de la ley de la siembra y la cosecha?**

PREPARACIÓN

Antes de transitar a la siguiente sección es un buen momento para resolver dudas. Da la posibilidad de que aquellos que han comprendido los conceptos clave, tengan la oportunidad de mejorar la forma de explicarlos a los que aún tienen dificultad para asimilarlos. Si hay tiempo, invita a que algunas personas puedan compartir, de forma resumida, aquellas cosas que más les han impactado de la lectura del capítulo.

[19] Esta frase se atribuye a Geoge Herbet en su obra Jacula Prudentum (1652).

Aplica

PREPARACIÓN

En esta sección se plantean aplicaciones prácticas de lo aprendido con la idea de que los participantes puedan pensar en cómo vivir los conceptos sobre los que se han estado charlando. Como facilitador de grupo, comprométete a ser vulnerable con el resto y comparte de forma práctica cómo luchas tú con las ideas que se han estado tratando en este capítulo.

PREGUNTA

Después de la lectura de este capítulo y enfocándote en tu propia vida, **¿qué hábitos, personas o actividades has descubierto que necesitas cortar para proteger tu corazón?**

PREGUNTA

Considerando el listado de disciplinas espirituales que se enumeran en el cuadro de este capítulo[20], **¿cuáles de ellas son las que más te cuesta practicar y por qué?**

PREGUNTA

¿Cuáles disciplinas crees que son las que más beneficios te han proporcionado y por qué?

PREGUNTA

¿Hay alguna de las disciplinas espirituales enumeradas en el capítulo que te haya sorprendido? ¿Por qué lo ha hecho?

PREGUNTA

¿A qué nuevas disciplinas te está desafiando Dios para que comiences a desarrollar el hábito de practicarlas?

PREGUNTA

Teniendo en cuenta esta cosmovisión sobre las disciplinas espirituales, **¿de qué forma piensas que podrías discipular a otras personas siguiendo este enfoque?**

[20] Cambios Profundos, Pág. 254.

Ora

Me darás a conocer la senda de la vida;
en tu presencia hay plenitud de gozo;
en tu diestra, deleites para siempre.
Salmos 16:11

ORACIÓN

Padre, tú me prometes un tipo de gozo especial y profundo cuando reconozco y percibo tu persona. Te pido perdón porque, aun buscándote, me doy cuenta de que hago un ídolo de la experiencia espiritual y olvido que lo más importante no es lo que siento, sino de quién soy en Cristo. Reconozco que mi orgullo está tan presente dentro de mí que incluso he practicado las disciplinas espirituales para sentirme mejor conmigo mismo tratando de comprar tu aceptación o la aceptación de otros. Purifica mi fe; haz que esta sea sencilla como la de un niño que camina confiado de la mano de su padre. Quiero quererte y disfrutarte por quién eres y no por lo que me puedas dar. En el nombre de Jesús, amén.

Trabaja

- Pregúntate: **¿Busco a Dios porque me siento amado por Él?**
- Memoriza Salmos 16:11 y medita en él durante la semana.
- Lee detenidamente el capítulo 13 del libro Cambios Profundos.
- Reflexiona y responde a las siguientes preguntas:
    - ¿En qué área de tu vida experimentas más conflictos?
    - ¿Qué es lo que más te preocupa cuando tienes un conflicto con otra persona?

CAPÍTULO 13

Una nueva actitud para enfrentar los conflictos

Introducción

En la última sección vamos a estar tratando uno de los temas más prácticos y cotidianos entre los seres humanos: el conflicto. Al contrario de lo que puede parecer, los conflictos son momentos de tremenda oportunidad para aplicar el evangelio. Aprenderemos qué es un conflicto, la forma correcta e incorrecta de afrontarlo, y como Dios usa esas ocasiones para revelarnos los afectos profundos del corazón y llevarnos al evangelio.

Toma un par de minutos para comenzar orando. Pide a Dios que use, tanto este tiempo, como las conversaciones, para escuchar lo que Él os quiera enseñar.

Conceptos

El conflicto surge de una diferencia de opinión de forma que:

- *No está mal* que se produzca un desacuerdo.
- *Sí está mal* que acabe en discusión.

El conflicto desemboca en discusión porque:

- Respondemos al conflicto de forma pecaminosa.
- No hemos obtenido algo que amamos demasiado, y, por eso, nos enojamos y decidimos pecar para obtenerlo.

El enojo es nuestra reacción cuando sentimos que algo que consideramos importante no es como querríamos que fuese; por eso debo reflexionar en las siguientes preguntas:

- ¿Por qué estoy enojado?
- ¿Qué es lo que verdaderamente me duele?

En el conflicto puedo responder de tres formas diferentes:

- *Luz roja:* Perdonando al pasar por alto a la persona su falta.
- *Luz amarilla:* Esperando el momento adecuado para mostrar a la persona su falta.
- *Luz verde:* Confrontando a la persona mostrándole su falta.

Conecta

PREPARACIÓN

La siguiente introducción tiene la finalidad de preparar el diálogo sobre las ideas principales del capítulo facilitando la participación de todos los integrantes del grupo. Ayuda a que los participantes no acaparen demasiado tiempo y guíalos para que logren expresarse claramente.

CONECTANDO

Para los seres humanos los conflictos interpersonales son tan cotidianos como la vida misma. Por eso no hay día en el que, de una u otra forma, no tengamos que afrontar algún tipo de conflicto con otra persona.

En el centro de estudios con un compañero o profesor; en el trabajo con el jefe; esperando el turno en cualquier establecimiento; o más aún en el mismo hogar, en medio de la convivencia con el cónyuge y los hijos.

Aunque hay algunas personas que parecen buscar los conflictos, en realidad no es necesario hacerlo. Tarde o temprano van a aparecer de manera fortuita en nuestra vida.

De igual forma, los cristianos tampoco están libres de ellos en esta vida; y menos todavía las iglesias. Pero quizás lo más peligroso de todo esto es ignorar que los conflictos, que son resultado del pecado, son redimidos por Dios para madurarnos de una forma especial si los afrontamos con la cosmovisión del evangelio.

¿Puede el evangelio cambiar mi forma de ver y manejar los conflictos? ¡Sin lugar a duda! La cuestión en la que necesitamos meditar, es entonces si realmente estoy decidido a dejar que Dios los utilice para revelar lo que mi corazón ama de verdad y ayudarme a cambiarlo.

PREGUNTA

¿En qué área de tu vida experimentas más conflictos?

PREGUNTA

¿Qué es lo que más te preocupa cuando tienes un conflicto con otra persona?

Dialoga

PREPARACIÓN

Las preguntas que se ofrecen van a ayudar a establecer lo que es un conflicto, la causa de estos, cómo manejarlos, la influencia del carácter en ellos y cómo aprovecharlos para madurar en la fe. Usa este espacio para resolver las dudas en comunidad y alentar a que también sean otros los que respondan. Procura mantener el enfoque en los conceptos claves de este capítulo, pudiendo añadir también preguntas adicionales que se mantengan alineadas con el tema.

PREGUNTA

¿Cómo definirías con tus propias palabras lo que es un conflicto antes de leer este capítulo y después?

PREGUNTA

¿Está mal tener conflictos? ¿Hay algún ejemplo de conflicto en la Biblia que puedas mencionar?

PREGUNTA

¿Cuál es la diferencia principal entre un desacuerdo y una discusión?

PREGUNTA

¿Cuál dirías que es el mayor problema de una discusión?

PREGUNTA

¿Cómo le explicarías a otra persona la diferencia entre la tentación, la ocasión y la causa de un conflicto?

Pide a los participantes que piensen en un ejemplo cotidiano que les ayude a clarificar ambos conceptos. El gráfico representa la relación entre los tres conceptos. La ocasión son las circunstancias, la tentación, la imagen que la mente proyecta en base a la causa, que es lo que el corazón ama o desea.

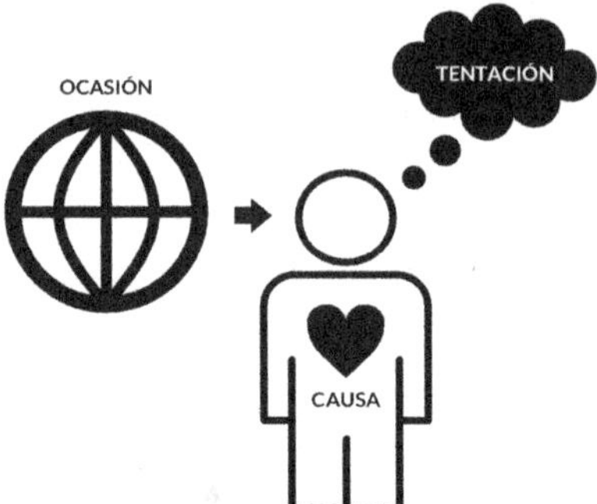

PREGUNTA

En base a lo que has aprendido, **¿cómo definirías lo que es la tentación?**

PREGUNTA

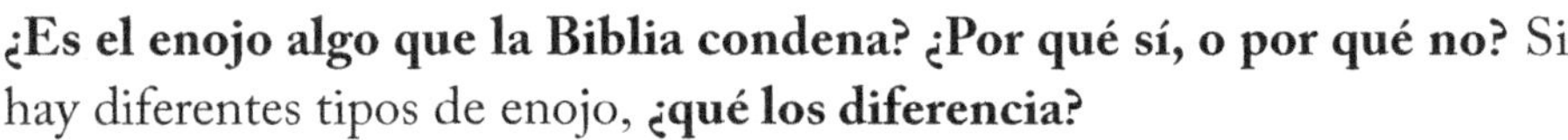

¿Es el enojo algo que la Biblia condena? ¿Por qué sí, o por qué no? Si hay diferentes tipos de enojo, **¿qué los diferencia?**

PREGUNTA

En la última sección del capítulo el autor nos presenta tres formas bíblicas de responder al conflicto: perdonar, esperar y confrontar. **¿Cómo sé qué opción debo escoger cuando se presenta un conflicto?**

PREPARACIÓN

Antes de transitar a la siguiente sección es un buen momento para resolver dudas. Da la posibilidad de que aquellos que han comprendido los conceptos clave, tengan la oportunidad de mejorar la forma de explicarlos a los que aún tienen dificultad para asimilarlos. Si hay tiempo, invita a que algunas personas puedan compartir, de forma resumida, aquellas cosas que más les han impactado de la lectura del capítulo.

Aplica

PREPARACIÓN

En esta sección se plantean aplicaciones prácticas de lo aprendido con la idea de que los participantes puedan pensar en cómo vivir los conceptos sobre los que se han estado charlando. Como facilitador de grupo, comprométete a ser vulnerable con el resto y comparte de forma práctica cómo luchas tú con las ideas que se han estado tratando en este capítulo.

PREGUNTA

Mirando el listado de las características que definen una discusión[21], **¿con cuáles de estas sueles luchar más? ¿por qué crees que son una debilidad para ti?**

PREGUNTA

¿Qué situaciones son las que te llevan al enojo con más facilidad y por qué? ¿Qué piensas que está amando o valorando tu corazón en esos momentos?

PREGUNTA

Consultando la tabla[22] donde se describen los dos tipos de personas por su carácter ante el conflicto **¿con cuál te sientes más identificado? ¿Eres siempre así con todas las personas?** Si cambia tu respuesta dependiendo de la persona y el contexto, **¿por qué crees que te ocurre esto?**

A pesar de que nos podemos sentir más identificados con un tipo de carácter u otro, lo más normal es que fluctuemos entre ambos. En ocasiones, seremos volcanes con aquellos que se presenten como obstáculos para obtener lo que deseamos; por otro lado, seremos icebergs con aquellos que consideremos vehículos para obtener lo que queramos.

También una persona tímida tendrá menos dificultad en ser iceberg con los menos conocidos y ser volcán con aquellos de más confianza (por ejemplo: amigos, familiares, etc.).

PREGUNTA

¿Cuál es mi responsabilidad y prioridad principal cuando afronto un conflicto, aunque lo origine otra persona?

En Mateo 18:15 Jesús nos instruye claramente. No somos responsables del pecado de otros, pero si somos responsables de nuestra respuesta al pecado de otros. Por un lado, debemos cuidar y proteger lo que nuestro corazón estará tentado a amar en el conflicto, Por otro lado, también debemos recordar que Dios, motivado por su amor, quiere usarnos para restaurar la

[21] Ibid. Pág. 283, segunda columna del cuadro.
[22] Ibid. Pág. 298.

relación que nuestro hermano ha dañado con Él (y con otros) por causa de su pecado.

Pregunta

¿Qué necesito evaluar en mí para asegurarme de que he hecho todo lo que está en mi mano para resolver bíblicamente el conflicto?

Pregunta

¿Es posible resolver verdaderamente un conflicto sin que cambie el corazón? ¿Por qué?

Puede que superficialmente parezca que el conflicto se ha resuelto. En muchas ocasiones se cree que el tiempo resuelve los conflictos no tratados bíblicamente. Pero en realidad, si el conflicto no es afrontado de forma cristocéntrica, y ambas partes no han asumido su responsabilidad y necesidad del evangelio, entonces, tarde o temprano, el corazón no cambiado volverá a surgir cuando se presente una nueva ocasión.

Ora

El hierro con hierro se afila,
y un hombre aguza a otro.
Proverbios 27:17

Oración

Señor, tú no solo eres soberano sobre todas las cosas, sino también el ser más sabio de todo el universo. Cada circunstancia, cada persona, cada momento de nuestras vidas son dirigidos por ti y por tus buenos deseos hacia nosotros. Dame la gracia para percibir, tal y como Santiago dice en su epístola, sumo gozo cuando afronte la prueba del conflicto. Ayúdame a conocerme a mí mismo para ser persuadido por tu amor a correr a ti en necesidad y humildad. Dame ojos para verte en medio del desacuerdo y ríndeme a tu Espíritu para que el carácter de Jesús fluya desde dentro de mí. Mi naturaleza me tienta a pensar que se trata de mis derechos y de la indignidad de los demás. No soy una víctima. Líbrame de la autocompasión e inclina mi corazón a tu libertad para ser liberado del orgullo. En el nombre de Jesús, amén.

Trabaja

- Pregúntate: **¿A quién estoy amando en este conflicto?**
- Memoriza Proverbios 27:17 y medita en él durante la semana.
- Lee con detenimiento la conclusión del libro y los anexos.
- Ora cada día para que Dios te ayude a seguir cambiando, busca compañeros de camino y desafía a los participantes para que inicien con otras personas un grupo de lectura de *Cambios Profundos*.

"NUESTRA META ES
DISFRUTAR A DIOS
Y AYUDAR A OTROS
A DISFRUTARLO

PROVEEMOS RECURSOS CENTRADOS EN LA
TRANSFORMACIÓN GENUINA DEL
CORAZÓN

Made in United States
Orlando, FL
14 April 2025

60494828R00069